感谢教育部人文社科规划基金项目（批准号：13YJA630～）的专项的出版资助

会计师事务所企业社会责任的驱动因素与测量维度

王彤彤 郭 新 著

中国财经出版传媒集团
经济科学出版社
Economic Science Press

图书在版编目（CIP）数据

会计师事务所企业社会责任的驱动因素与测量维度/王彤彤，
郭新著.—北京：经济科学出版社，2017.12
ISBN 978-7-5141-8948-3

Ⅰ.①会… Ⅱ.①王…②郭… Ⅲ.①会计师事务所－关系－
企业责任－社会责任－研究 Ⅳ.①F233②F272-05

中国版本图书馆 CIP 数据核字（2017）第 329499 号

责任编辑：庞丽佳
责任校对：隗立娜
责任印制：邱　天

会计师事务所企业社会责任的驱动因素与测量维度
王彤彤　郭　新　著
经济科学出版社出版、发行　新华书店经销
社址：北京市海淀区阜成路甲 28 号　邮编：100142
总编部电话：010-88191217　发行部电话：010-88191522
网址：www. esp. com. cn
电子邮件：esp@ esp. com. cn
天猫网店：经济科学出版社旗舰店
网址：http://jjkxcbs. tmall. com
固安华明印业有限公司印装
710×1000　16 开　8.5 印张　200000 字
2017 年 12 月第 1 版　2017 年 12 月第 1 次印刷
ISBN 978-7-5141-8948-3　定价：36.00 元
（图书出现印装问题，本社负责调换。电话：010-88191510）
（版权所有　侵权必究　举报电话：010-88191586
电子邮箱：dbts@ esp. com. cn）

前　　言

2009 年 10 月 3 日，国务院办公厅转发财政部《关于加快发展我国注册会计师行业的若干意见》指出，进一步发展我国注册会计师行业，对于完善社会主义市场经济体制、促进经济发展方式转变和经济结构调整及维护社会公众利益、市场经济秩序和国家经济信息安全等具有不容忽视的重要意义。国家"十二五"发展规划中，将大力发展包括会计服务（即注册会计师服务）在内的现代服务业作为产业结构优化升级的战略重点。为贯彻落实党的十八届五中全会和"十三五"规划纲要精神，财政部 2017 年 1 月发布《中国注册会计师行业发展规划（2016～2020 年)》，科学指导和全面推进注册会计师行业"十三五"期间持续健康发展。截至 2016 年 12 月 31 日，全国共有执业注册会计师 105218 人，合伙人（股东）32515 人，会计师事务所 7408 家（不含分所)，其中合伙制会计师事务所 3383 家，有限责任制会计师事务所 4025 家，全行业 2016 年度业务收入预计将在"十二五"期末突破 600 亿元大关的基础上，顺利突破 700 亿元大关。注册会计师行业规模和布局进一步优化，国际影响力持续增强。在规模实力增强的同时如何做到更强，如何充分调动各方面的积极性和主动性，推进会计师事务所在服务全面建成小康社会和供给侧改革过程中实现转型升级和跨越发展，是"十三五"时期行业面临的重大课题，需要在现有基础上继续探索、发展，着力解决制约行业转型升级的深层次矛盾和体制机制障碍。

毕马威 2015 年企业社会责任报告调查显示：中国百强公司中 78%的公司发布了企业社会责任报告，较之 2013 年 75% 和 2011 年 59% 的水平均有所上升。与此形成鲜明对照，2016 年全国会计师事务所综合评价百强中，截至 2016 年底，只有 3 家会计师事务所发布了企业社会责任报告，远远低于公司的平均水平。注册会计师行业与企业对社会责任的认识与管理水平存在较大差距。会计师事务所是否需要企业社会责任？履行企业社会责任的动因何在？会计师事务所人员如何看待企业社会责任？本书力图回答并解决上述问题。

本书首先针对注册会计师行业发展的重要意义与现实困境，提出企业社会责任研究的意义与价值，清晰界定研究的具体问题；接着确定本书中会计师事务所企业社会责任的含义；说明研究方法、技术路线与研究内容。在梳理企业社会责任的发展进程的基础上，归纳企业社会责任研究的各个理论框架，并从企业社会责任动因、绩效、信息披露、认知测量等多个角度进行剖析，总结目前企业社会责任研究的发展趋势，说明本书选题的视角。

本书花费大量精力于实地访谈，因为注册会计师行业没有公开的数据资料，而且本书也希望通过访谈行业中各方人士特别是合伙人、高级经理等中高层从业人员，了解其对企业社会责任的认识、看法以及他们自身实践企业社会责任的活动，与现有文献的观点进行对照，以便调整自身研究框架，为设计出属于中国情境下的调查问卷创造条件。由此，访谈很大程度上决定了整个研究的质量。访谈之前，首先，调研我国会计师事务所企业社会责任现状，选择国内三家特大型会计师事务所的企业社会责任实践现状进行分析，包括企业社会责任的理解、目标、框架、具体实践活动、管理与监督等状况；其次，对三家会计师事务所近三年的社会责任报告进行内容、结构比较；最后，基于我国排名前50名会计师事务所的企业社会责任信息披露内容进行描述性统计，并对结果进行讨论。大量的数据归纳和词条相关性统计结果都显示，我国大部分会计师事务所还没有形成较强的社会责任意识，企业社会责任信息披露整体水平较低，需要进一步提升。我国会计师事务所企业社会责任信息披露任重道远，主要原因有：一是由于在该行业中我国并没有具体的法律法规要求，信息披露缺乏外在压力；二是我国会计师事务所主要以传统审计业务为主，对于新兴业务的拓展较少，对于长期的品牌效应与社会声誉，缺乏内在发展的需求和动力；三是国内会计师事务所对企业社会责任认识尚浅，没有形成自己的发展战略，也没有将其作为一种向社会公众和其他利益相关者传播良好企业形象的方法。因此，注册会计师行业协会应积极行使其监督引导的作用，不仅加强行业自律，严格执行准则要求，还要完善并修订出适合我国国情的会计师事务所企业社会责任披露标准并形成较为完备的监督系统，强化企业社会责任信息披露意识，推动会计师事务所在走向国际化之前完成社会责任披露规范化和体系化。

根据中国注册会计师协会2013～2014年国内百强会计师事务所排名，北京集中了国内最多的事务所总部，在业务规模、客户类型、业务多元等方面具有较强的代表性。所以，访谈调研地点集中在北京，主要选择北京大型会计师事务所的企业社会责任部门总监或经理、审计或社会责任咨询部门的合伙人或业务总监作为调研对象。基于前期文献整理与深度访谈资料，本书运用定性研究方法归纳会计师事务所实施企业社会责任的主要驱动因素。基于Nvivo软件，根据扎根理论研究中的"典范模型"，得到了核心竞争力、商业利益、监管压力、客户压力、员工流失压力、核心价值观六个主范畴，通过对副范畴与主范畴的分析，提炼出"经济利益""合法性""伦理道德"三个核心范畴来概括与分析其他范畴，然后，针对编码结果进行讨论。结论如下：(1) 经济利益驱动仍然发挥主导作用；(2) 合法性驱动作用日益显著；(3) 伦理道德驱动发挥重要作用。本书研究结论与目前国内外研究文献成果基本一致，利益相关方、绩效、外在与内在动机成为履行企业社会责任的主要动因（Basu & Palazzo，2008）。这里，政府、监管方与行业协会成为利益相关方的主体；盈利、战略等成为企业社会责任所需要的绩效；提升形象、回应政府、股东与员工成为从事社会责任活动的外部与内部动机。但是，与实施企业社会责任战略的主要动因是利益相关者的期望的结论（Duff，2011）并不一致，经济利益仍然是首要动机。

接下来，基于对国内会计师事务所合伙人及经理的访谈采用有效数据进行测量，开发出的量表中包含25个描述项目共三个维度：(1) 道德法律责任；(2) 慈善责任；(3) 人文责任。道德法律责任方面涉及遵守职业道德原则、遵守会计准则与标准以及依据法律法规提供审计服务，这种基本责任反映了会计职业的社会义务；慈善责任关注的是通过自愿性工作（例如捐赠等）促进社会的改善，这一发现与现有文献相一致；这里的人文责任与图尔克（Turker，2009）报告的"对员工的社会责任"维度、阿诺德和韦塞拉斯基（Arnaud & Wasieleski，2014）提出的"企业人文责任"等有所不同，这里的人文责任与员工的基本权利相关。研究结论支持卡罗尔（Carroll，1979）的观点，即道德责任和法律责任之间可能存在重叠，伦理和法律责任是相互交织的，注册会计师行业表现显著。同时，大多数量表的"经济责任"题项在本研究中未获支持，表明盈利性组织保障员工福利待遇、健康安全的基本责任超越了其经济责任，这与西方并未把这些员工基本权利纳入企业社会责任范畴的认知完全不同，"人文责任"超越了西方对企业社会责任的理解，强调了中国企业社会责任展现出的独特性（Moon & Shen，2010）。

　　本书研究的创新表现为：（1）研究视角：从注册会计师行业角度关注企业社会责任问题，国内类似研究较少；（2）研究方法：试图将定性研究与定量研究结合，立足实地调研，基于半结构式访谈收集第一手资料，在系统地"量化"分析的基础上获得核心量表题项，严格规范定量研究的一系列步骤得出分析结果；（3）研究结果：首次通过质性研究方法探究中国会计师事务所企业社会责任的驱动因素；自主开发并验证中国会计师事务所员工对企业社会责任认知的量表，首次从个体角度探知员工对会计师事务所企业社会责任实践的态度与感知，丰富和拓展了企业社会责任的相关研究。

王彤彤　郭　新

2017 年 10 月于北京

目　　录

第一章　绪论 ……………………………………………………………… 1
  第一节　问题提出 ……………………………………………………… 1
  第二节　研究目的 ……………………………………………………… 5
  第三节　研究方法与技术路线 ………………………………………… 5
  第四节　研究思路与研究内容 ………………………………………… 8

第二章　企业社会责任的发展进程 …………………………………… 10
  第一节　国外企业社会责任概念的发展 …………………………… 10
  第二节　国内企业社会责任概念的发展 …………………………… 16
  第三节　主要概念比较 ……………………………………………… 18
  第四节　国际组织与各国政府对企业社会责任的推动 …………… 20

第三章　企业社会责任研究 …………………………………………… 24
  第一节　相关理论研究 ……………………………………………… 24
  第二节　企业社会责任研究主题 …………………………………… 29
  第三节　企业社会责任研究总结 …………………………………… 38

第四章　我国会计师事务所的企业社会责任现状调研 …………… 41
  第一节　三家会计师事务所企业社会责任实践调研 ……………… 41
  第二节　会计师事务所企业社会责任报告的内容分析 …………… 53
  第三节　我国会计师事务所企业社会责任信息的描述性统计 …… 62

第五章　会计师事务所实施企业社会责任的驱动因素研究 ……… 72
  第一节　会计师事务所企业社会责任研究 ………………………… 72
  第二节　实证研究 …………………………………………………… 76
  第三节　研究小结 …………………………………………………… 83

第六章　会计师事务所企业社会责任测量研究 ················· 88
　　第一节　企业社会责任测量的意义 ················· 88
　　第二节　文献回顾 ································· 89
　　第三节　实证研究 ································· 93

第七章　研究结论与展望 ······························· 102
　　第一节　研究结论 ································· 102
　　第二节　学术意义与实践价值 ······················· 107
　　第三节　局限性与未来研究方向 ····················· 111

参考文献 ··· 112
后记 ··· 124

第一章

绪　　论

第一节　问题提出

一、注册会计师行业发展的紧迫性

党的十八大报告标志着我国的经济发展与改革开放进入到历史的新阶段，企业转变发展方式必须要在发展理念、思维方式和社会沟通模式上进行方向性的调整。2009 年 10 月 3 日，国务院办公厅转发财政部《关于加快发展我国注册会计师行业的若干意见》指出，进一步发展我国注册会计师事业，对于完善社会主义市场经济体制、促进经济发展方式转变和经济结构调整及维护社会公众利益、市场经济秩序和国家经济信息安全等具有不容忽视的重要意义。国家"十二五"发展规划中，将大力发展包括会计服务（即注册会计师服务）在内的现代服务业作为产业结构优化升级的战略重点。为贯彻落实党的十八届五中全会和"十三五"规划纲要精神，财政部 2017 年 1 月发布《中国注册会计师行业发展规划（2016～2020年)》，以科学指导和全面推进注册会计师行业"十三五"期间持续健康发展。

（一）推进注册会计师行业健康发展是完善社会主义市场经济体制，维护经济秩序的有力保障

注册会计师是市场经济的产物。作为我国经济监督体系的重要一环，注册会计师通过审计鉴证等活动能够有效提高国民经济信息，特别是会计信息的透明度和可信度，对维护市场秩序和经济金融稳定、优化社会资源配置具有重要的促进和保障作用。市场经济既是信息经济，也是信用经济。市场经济越发展，注册会计师行业越重要，对行业发展与监管的要求也就越高。自 1980 年我国恢复重建注册会计师制度以来，伴随着《注册会计师法》及系列配套规章制度的颁布实施，特别是经过

20 世纪 90 年代末的脱钩改制和《关于加快发展我国注册会计师行业的若干意见》的发布，以及做大做强战略的实施，我国注册会计师行业基本制度体系、行业管理规范体系和行业发展战略体系不断完善，行业管理不断走向制度化、规范化和科学化，行业综合实力和国际影响力显著提升。注册会计师行业已经成为推动我国经济社会发展的重要专业力量。"十三五"时期是全面建成小康社会的决胜阶段，需要注册会计师行业在现有基础上进一步做强做实，激发活力，充分发挥保障服务作用。

（二）推进注册会计师行业健康发展是落实党中央、国务院重大战略部署的现实要求

党的十八大以来，国务院在加强资本市场建设、强化审计工作、发展服务贸易、增强外贸竞争新优势、推进大众创业万众创新、深化国有企业改革、加快自贸区建设等文件中对注册会计师基础服务作用的发挥提出了新的更高要求。例如：2014 年 12 月，李克强总理在接见全国审计机关先进集体和先进工作者代表时发表重要讲话，强调要"引入社会力量参与审计，增强审计的公信力"；《国务院关于促进市场公平竞争维护市场正常秩序的若干意见》提出："支持会计师事务所、税务师事务所、律师事务所、资产评估机构等依法对企业财务、纳税情况、资本验资、交易行为等真实性合法性进行鉴证，依法对上市公司信息披露进行核查把关"；《中共中央国务院关于构建开放型经济新体制的若干意见》提出："强化对国有和国有控股企业走出去经营活动的监督与管理，加强经营状况审计，完善国有企业境外经营业绩考核和责任追究制度，确保国有资本的安全与效益，防止国有资产流失"；《国务院关于推进国际产能和装备制造合作的指导意见》提出："建立行业自律与政府监管相结合的管理体系，完善中介服务执业规则与管理制度，提高中介机构服务质量，强化中介服务机构的责任"；《国务院关于批转财政部权责发生制政府综合财务报告制度改革方案的通知》提出，在 2020 年前建立具有中国特色的政府会计准则体系和权责发生制政府综合财务报告制度，建立健全政府财务报告审计和公开机制。为贯彻落实上述政策、精神，注册会计师行业需要进一步转变思想，健全完善相关体制机制，强化市场监管，不断提高执业质量和社会公信力，为各项经济改革保驾护航。

（三）推进注册会计师行业健康发展是提升行业整体实力实现转型升级的有力支撑

"十一五"和"十二五"时期，注册会计师行业管理牢牢把握贯彻落实《关于加快发展我国注册会计师行业的若干意见》的工作主线，在创新行业管理体制机制、服务行业做强做大、提升行业地位影响等方面实现了一系列突破，推动了大中小型会计师事务所（以下简称"事务所"）的协调发展。截至 2016 年 12 月

31 日，全国共有执业注册会计师 105218 人，合伙人（股东）32515 人，会计师事务所 7408 家（不含分所），其中合伙制会计师事务所 3383 家，有限责任会计师事务所 4025 家，全行业 2016 年度业务收入在"十二五"期末突破 600 亿元大关的基础上，顺利突破 700 亿元大关。依据中国注册会计师协会 2016 年全国会计师事务所综合评价百强信息，年收入超过 10 亿元的事务所达 13 家，其中 6 家超过 20 亿元。40 家具备证券期货业务资格的事务所经过优化重组和强强联合，品牌声誉和执业能力进一步提升，为沪深两市近 3000 家上市公司和近万家新三板挂牌公司提供审计鉴证和管理咨询服务。11 家获财政部、证监会推荐从事 H 股企业审计业务的事务所稳步发展，不断开拓境外业务，信永中和、天健、致同等事务所境外发展取得新突破，主审与参审的 H 股企业审计业务获得香港有关监管部门和资本市场的认可。"四大"会计师事务所本土化进展顺利，具备中国注册会计师执业资格的本土合伙人比例从 2012 年转制之初的 62% 增加到 2016 年底的 76%。

总体而言，注册会计师行业规模和布局进一步优化，国际影响力持续增强，在深化改革、扩大开放中的基础性服务支撑作用不断强化。在规模实力增强的同时如何做到更强，如何充分调动各方面的积极性和主动性，激发会计服务市场活力，推进事务所在服务全面小康建设和供给侧改革过程中实现转型升级和跨越发展，是"十三五"时期行业面临的重大课题，需要在现有基础上继续探索、发展，着力解决制约行业转型升级的深层次矛盾和体制机制障碍。

二、注册会计师行业发展的现实困境

（一）监管环境日趋严格，行业诚信与公信力受到挑战

根据财政部会计信息质量检查公告（第三十六号），2015 年财政部共检查会计师事务所 1108 家，据不完全统计，共计对 174 家事务所进行了处理处罚，其中 52 家分别受到警告、暂停经营业务、没收违法所得等处罚，129 名注册会计师被处理、处罚，20 名被暂停执业或取消执业资格。

近年来，证监会对会计师事务所的监管呈不断加强的态势。针对事务所的处罚呈现了三大变化：一是处罚力度加强；二是监管检查更具针对性；三是处罚信息披露详细充分、清晰完整。2016 年 4 月，证监会对大华会计师事务所、中勤万信会计师事务所、立信会计师事务所、利安达会计师事务所、天职国际会计师事务所、四川华信会计师事务所等采取出具警示函的行政监管措施，对瑞华会计师事务所采取了责令改正的行政监管措施等。同年，证监会针对会计师事务所做出了几次比较典型的处罚：7 月对北京兴华会计师事务所的处罚为没收业务收入 322.44 万元，并处 967.32 万元罚款；对立信的处罚为没收业务收入 70 万元，并

处 210 万元罚款；8 月对利安达的处罚为没收业务收入 205 万元，并处 205 万元罚款。2017 年 1 月，对国内第一大所瑞华的处罚为没收业务收入 39 万元，并处以 78 万元罚款，暂停其证券业务 6 个月；9 月，证监会再次发布行政处罚决定书，利安达被罚没总额为 900 万元，其中，没收业务收入 150 万元，罚款 750 万元。2015 年开始，证监会的处罚金额从业务收入的 1 倍逐渐上升到 2～3 倍，2017 年 9 月的处罚则飙升到 5 倍。此外，证监会对会计师事务所的监管检查更具有针对性，对利安达的处罚最为典型。公开信息显示，从 2015 年 11 月～2017 年 9 月，证监会连续四次对利安达的监管检查出具了《行政处罚决定书》，分别是〔2015〕67 号①、〔2016〕20 号②、〔2016〕105 号③和〔2017〕85 号④。这说明，证监会已经对存在问题较多的会计师事务所实施针对性跟踪检查。

除证监会以外，大型会计师事务所接受各级监管机构的检查和处罚的概率已大大增加。2016 年 6 月～2017 年初，瑞华会计师事务所已受到了银行间交易商协会、股转系统、深圳证监局及国家证监会的四次处罚。

诚信建设作为注册会计师行业的生命线，维护社会公众利益一直是行业发展的宗旨，职业道德建设是行业的核心问题，坚守独立、客观、公正的职业立场，全面提升行业的诚信度和公信力，力求成为受社会尊重和信赖的专业服务行业则是注册会计师行业的使命。

（二）国家走出去战略不断深入，业务拓展与国际竞争亟待提升

目前，我国企业响应国家"走出去"战略，紧密契合"一带一路"战略，抓住时代机遇，积极推进国际化。众多企业在陌生的市场环境中，在履行社会责任，提升国际竞争力的同时，实现经济与社会目标的可持续发展。

《关于加快发展我国注册会计师行业的若干意见》指出，加快发展注册会计师行业，是贯彻中央"走出去"战略的重要举措。会计是国际通用的商业语言，企业跨国经营、资本跨境流动离不开注册会计师行业的专业支持。注册会计师行业为我国企业进入国际市场提供会计、税务、管理咨询等综合性服务，有助于我国企业在经营管理上与国际接轨，在更高层次和更广领域内参与国际竞争。会计服务属于高端服务业，是现代服务业的重要组成部分，加快服务业发展已成为产业结构优化的重要标志。随着我国改革开放的不断深入和资本市场的发展，注册会计师审计鉴证等传统业务的市场容量不断扩大，同时也衍生出大量新型的经济鉴证、社会监督和咨询服务需求，拓展了注册会计师的业务领域。虽然部分会计师事务所在新业务领域作了一些有益的探

---

① http://www.csrc.gov.cn/pub/zjhpublic/G00306212/201512/t20151217_288196.htm.
② http://www.csrc.gov.cn/pub/zjhpublic/G00306212/201603/t20160302_293731.htm.
③ http://www.csrc.gov.cn/pub/zjhpublic/G00306212/201609/t20160909_303186.htm.
④ http://www.csrc.gov.cn/pub/zjhpublic/G00306212/201710/t20171010_325105.htm.

索，但总的来看，我国注册会计师行业抓住机遇、主动作为的意识还不强，对新业务的研究和开发力度欠缺，在一定程度上还存在"等靠要"的思想。事务所审计业务中企业业务比重畸高的状况尚未根本改变，不仅制约了业务创新和提质增效，而且抑制了注册会计师服务效能的更大体现和更广认同。如何摆脱低端传统业务的制约，加快创新拓展新业务是注册会计师行业实现跨越发展的关键。

总而言之，如何加强注册会计师行业改革的顶层设计，在外延式合并重组的基础上，深入推动本行业的内涵式发展，培育会计师事务所的可持续竞争优势；特别是在开拓国际市场过程中，如何培养遵守国际准则的责任意识，占领国际道义制高点，提高国际博弈水平，都是进一步发展注册会计师事业、真正实现做大做强战略亟待解决的现实问题。

第二节 研究目的

从全球范围看，随着全球化趋势的增强，积极承担企业社会责任已经成为一种国际潮流，越来越多的企业通过制定企业社会责任战略、发布企业社会责任报告（或可持续发展报告等）等构建企业社会责任管理体系，营造企业社会责任文化。与此同时，履行社会责任的实践已不再局限于公益捐赠志愿者活动、公益宣传、企业社会营销等多种多样的社会责任项目与方式方兴未艾。在企业身后，各国政府、国际性组织、非营利性组织等出台了各种法律、法规、条文推动企业履行社会责任。企业社会责任问题日益受到众多利益相关方的关注，对于准备走出去的众多中国企业来说，如何实践社会责任，参与国际竞争，提升综合竞争实力成为新的课题。

毕马威2015年企业社会责任报告调查显示：中国百强公司中78%的公司发布了企业社会责任报告，较之2013年75%和2011年59%的水平均有所上升。与此形成鲜明对照，2016年全国会计师事务所综合评价百强中，截至2016年底，只有三家会计师事务所发布了企业社会责任报告，远远低于公司的平均水平。注册会计师行业与企业对社会责任的认识与管理水平存在较大差距。会计师事务所是否需要企业社会责任？履行企业社会责任的动因何在？会计师事务所人员如何看待企业社会责任？本书力图回答并解决以上问题。

第三节 研究方法与技术路线

一、研究方法

本书主要采用文献研究、实地访谈、问卷调查等方法。由于在不同的研究阶段使用不同的研究方法，所以，本研究项目体现出鲜明的阶段性研究特征。

（一）文献研究

早期研究阶段主要采用文献研究方法。旨在凝练研究方向，聚焦研究主题；同时，梳理研究主题的理论基础，以便把握学术前沿，掌握最新研究方法；熟悉研究主题的实践背景，了解注册会计师行业诸方面的发展沿革；草拟研究框架，制订合理的研究计划。

文献研究实际上贯穿整个研究过程，随着对实践背景的不断了解，一些文献经过反复研读，理解亦会不断加深。最初比较关注文献的结论、创新观点与逻辑演绎，然后转到文献的研究方法，成稿期间会特别注重其观点的推理过程。

（二）实地访谈

本书研究花费大量精力于实地访谈，因为注册会计师行业没有公开的数据资料，而且笔者也希望访谈行业中各方人士特别是合伙人、高级经理等中高层从业人员，了解其对企业社会责任的认识、看法以及他们自身实践企业社会责任的活动，与现有文献的观点进行初步对照，以便调整自身研究框架，为开发出属于中国情境下的调查问卷创造条件。由此，访谈很大程度上决定了整个研究的质量。

2013～2015年，笔者按照中国注册会计师协会（简称中注协）2013～2014年国内百强会计师事务所排名发现，北京集中了国内最多的事务所总部，在业务规模、客户类型、业务多元等方面具有较强的代表性。基于初步调查，正式成立企业社会责任部门、开展企业社会责任活动以及开拓企业社会责任相关业务基本集中于国内大型会计师事务所。所以，访谈调研地点集中在北京，主要选择北京大型会计师事务所的企业社会责任部门总监或经理、审计或社会责任咨询部门的合伙人或业务总监作为调研对象。经过实地访谈，笔者了解了本行业人士对社会责任问题的实际想法与看法，修正了访谈的部分问题，同时调整了文献研究阶段形成的研究框架。

（三）问卷调查

基于前期深度访谈资料，本书运用质性研究方法，通过 Nvivo 软件，结合对会计师事务所企业社会责任和以往企业社会责任量表的文献综述，根据戴维利斯（DeVellis，2016）项目生成规则，草拟了 26 个项目。其中，考虑到了不同阅读水平、避免特别冗长的句子、含糊不清代词引用以及双重项目。这 26 个项目由具有企业社会责任研究专长的学者审查，以确定内容的有效性（Churchill，1979）；如果在两个项目之间发现重叠，需要将它们合成一个项目。专业会计师、专业会计机构的代表和专业专家也审查了这些项目，并进行了微小的措辞调整。最终，企业社会责任量表包含 25 个测量项目，以"强烈不同意"和"非常同意"之间的五等级李克特量表格式提出。在正式调查之前，该表由专业会计师进行预先测试，以避免误解和检测偏差。然后，笔者通过与北京、上海、青岛、成都、杭州、沈阳、珠海等地会计师事务所联系，向会计从业人员发放包括量表的一份问卷。问卷主要通过两种方式发放：一是个别发放，通过微信群转发，填写后直接上传；二是在集会场合统一发放，当场填写，填写完毕后收回。联系人会明确告知受访者，此次调查的目的是进行学术研究，不会收集个人信息来识别个人受访者，发放之前均获得首肯。研究目标在问卷封面上标明，并提供了保密性和匿名性的保证。受访者大约15分钟完成问卷。

二、技术路线

本书采取的技术路线如图1-1所示。

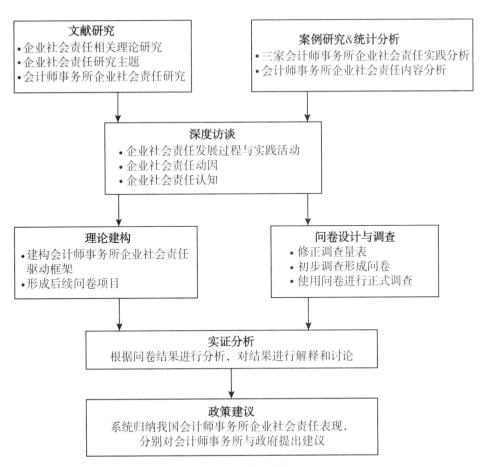

图1-1　技术路线

第四节　研究思路与研究内容

一、研究思路

本书首先通过回顾已有企业社会责任概念的发展过程，界定企业社会责任概念的内涵与边界；然后综述企业社会责任研究的新古典经济学、利益相关者理论、合法性理论、战略社会责任管理理论、资源基础理论等研究理论，同时梳理企业社会责任研究的多个视角，并总结会计师事务所企业社会责任研究文献。接下来，通过案例分析、统计分析、实地访谈、问卷调查，建构会计师事务所践行企业社会责任的驱动框架，利用结构方程模型等统计分析工具，检验企业社会责任认知的维度结构，归纳各维度统计特征。最后根据实证分析的结果，分别针对企业与行业政府提出改进会计师事务所企业社会责任实践的策略建议与政策建议。

二、内容安排

第一章，绪论。针对注册会计师行业发展的重要意义与现实困境，提出企业社会责任研究的意义与价值，清晰界定研究的具体问题；接着确定本书中会计师事务所企业社会责任的含义；然后说明研究方法、技术路线与研究内容。

第二章，企业社会责任的发展进程。首先，按照初步形成、概念成型、概念发展三个阶段梳理国外企业社会责任概念发展的过程；其次，基于起步阶段、逐步发展、快速发展三个时期总结我国企业社会责任概念的发展历程；再次，比较主要概念；最后，追溯国际社会与各国政府对企业社会责任的推动趋势，特别说明了各个国际组织与美国、欧盟、德国、日本与中国对企业社会责任的定义。

第三章，企业社会责任研究。首先，归纳企业社会责任研究的各个理论框架；然后从企业社会责任动因、绩效、信息披露、认知测量等多个角度进行剖析；接着，总结目前企业社会责任研究的发展趋势，说明本研究选题的视角。

第四章，我国会计师事务所的企业社会责任现状调研。首先，描述国内三家会计师事务所的企业社会责任实践现状，包括企业社会责任的理解、目标、框架、具体实践活动、管理与监督等状况；其次，对三家会计师事务所近三年的社会责任报告进行内容、结构比较；最后，基于我国排名前 50 名会计师事务所的企业社会责任信息披露内容进行描述性统计，并对结果进行讨论。

第五章，会计师事务所实施企业社会责任的驱动因素研究。首先基于已有研究与访谈结果，运用质性研究方法，利用 Nvivo 软件进行编码，归纳会计师事务所实施企业社会责任的主要动因；其次，针对编码结果进行讨论。

第六章，会计师事务所企业社会责任测量研究。首先基于以往研究文献梳理与访谈结果提出认知的维度结构；其次根据维度结构开发测量工具；最后利用问卷调查数据对会计师事务所企业社会责任认知的维度结构进行实证检验。

第七章，研究结论与展望。

第二章

企业社会责任的发展进程

第一节 国外企业社会责任概念的发展

一、企业社会责任概念的初步形成（20世纪20~60年代）

19世纪末，由于美国工业化经济的快速发展，不仅加剧了市场竞争，这些大型企业所拥有的对经济、政治和社会的影响力与其对社会或环境所承担的责任之间存在的巨大差距，也引起了人们对企业与社会之间关系问题的思考。早期企业社会责任概念源于"商人社会责任观"的思想，认为经理人的责任不仅限于对股东的回报，也应该对一些社会性事务负责。谢尔顿（Sheldon，1923）首次正式提出企业社会责任（Corporate Social Responsibility，CSR）概念，他把企业社会责任与企业满足产业内外人们需要的责任相联系，认为企业社会责任含有道德因素。

尽管从20世纪30年代便开始涌现出大量研究企业社会责任的文献，但直到1953年美国学者鲍温（Bowen，1953）首次给出商人社会责任的明确定义后，企业社会责任研究才逐渐规范起来，学者们一般认为，最早系统性地对企业社会责任进行定义的是鲍温。鲍温将商人社会责任定义为商人以社会目标和价值观念为基础所进行的决策和制定生产经营规则的义务。

戴维斯（Davis，1960）对鲍温的定义进行了进一步的补充，他指出商人社会责任是商人出于非直接经济性和技术性的目的而实施的有利于社会的决策和行为，并在此基础上提出了著名的"责任铁律"，认为企业社会责任是一个复杂的概念，是指"商人所做出的决策和采取的行为至少部分地要考虑企业直接的经济和技术利益以外的因素"①，创新性地指出商人所承担的社会责任应该与其社会能力相匹配。为了更加清楚地分辨企业经济责任和企业社会责任的边界，企业社会责任首次被区分为经济责任、法律责任和社会责任三种（McGuire，1963），其中企业承担社会责任只是指企业应该关注政治、社区福利、教育、职员乃至整个社会利益。这时的社会责任基本来自道德驱动，主要是公益慈善活动。

然而，直到 20 世纪 70 年代以前，诺贝尔经济学奖获得者弗里德曼（Friedman，1962）对企业社会责任的说法成为主流，即企业的天职是获取利润，企业有一个而且只有一个责任，那就是"在公开、自由而没有欺诈的竞争中，充分利用资源、能力去增加利润。"② 弗里德曼代表着主流经济学的企业理论——股东至上理论，企业唯一的目标是为股东赚取长期利润。与之类似的观点认为，企业社会责任的履行有可能会妨碍企业忽视其主要目标，而把精力用于与"正确的目的"不相干的事情上，导致企业长期利润的损失，危及企业的生存（Hayek，1969）。美国哈佛大学教授莱维特主要考量企业实施社会责任的动机，他认为企业关注社会责任大部分是基于盈利，企业的功能是不断创造价值，这才是自由企业的本质；企业接受社会责任会阻止民主社会的多元价值观，由此造成单一社会体系，这会带来麻烦。

在这个阶段，企业社会责任争论的重点是企业是否应承担经济目标以外的其他社会目标。能够被社会普遍认同的仍然是，在自由市场经济条件下，企业的责任首先是追求利润最大化，而社会责任是指利润最大化以外的责任。但反对企业社会责任的观点大多基于企业行为潜在的结果，而没有提出有力的规范性证据。

二、企业社会责任概念逐步成型的阶段（20 世纪 70 ~ 80 年代）

20 世纪 60 年代，企业的环境污染带来的生态恶化逐步引起社会关注。70 年代初期，中东战争引发全球石油危机，物价上涨伴随企业囤积居奇、以次充好等行为造成物价紊乱，企业外部环境的巨变促使企业社会责任一度成为热议的话题。"企业的社会责任就是追求利润最大化"的观点受到严重质疑，企业社会责任概念引起各方的广泛关注。这个阶段，企业社会责任实现概念性转变，学者们一方面研究其内涵、层次；另一方面，关注企业应该怎么做才是履行社会责任，即公司社会响应（corporate social responsiveness）；此外，人们开始涉足企业社会绩效（social responsibility performance，CSP）研究，企业社会责任从理念和伦理概念向行为导向的管理概念转变。

①　Davis K. Can Business Afford to Ignore Social Responsibilities? ［J］. California Management Review，1960，2（4）：70 – 76.

②　Friedman M. Capitalism and Freedom ［M］. Chicago：University of Chicago Press，1962.

1971 年，美国经济发展协会出版的《商业组织的社会责任》不仅罗列了需要承担社会责任的主体，还阐述了这些主体所需要承担的社会责任的种类。此外，该报告指出企业社会责任由三个方面组成，由内向外构成三个同心圆，从内层到外层依次为企业经济责任、企业经济责任与正在变化的社会价值观的结合、还不是很清晰的社会责任，这种观点形成了早期的企业社会责任"同心圆模型"。这一模型对企业社会责任进行了明确规定：内圈代表企业履行经济功能的基本责任；中间圈是指企业在实施经济职能时，对其行为可能影响的社会和环境变化要承担责任；外圈则包含企业更大范围地促进社会进步的其他无形责任。

公司社会责任响应实际上可以作为企业社会责任的另一个用语，是行动导向的社会责任。企业组织中的机制、程序、计划和行为模式共同体现了企业对社会压力予以回应的能力。威尔逊（Wilson，1975）把公司社会响应策略分为反应、防御、适应与前瞻，而博斯特（Post，1978）则分类为适应、前瞻与互动。诸多学者研究的公司社会策略类型存在一些差别，但总体都在尝试如何将抽象的企业社会责任概念付诸于企业具体实践中去，但结果差强人意。一来有关企业社会责任的争论尚未出现显著成果；二来有关企业社会责任行为的研究并不充分，缺乏实证研究，很难为企业提供企业社会责任策略制定的依据。

这个时期，一部分学者们开始逐渐把企业社会责任与企业社会绩效（Social Responsibility Performance，CSP）结合起来进行思考，且有一段时间这两个定义被严重混淆。塞西（Sethi，1975）首次对 CSP 进行了度量，将其分为社会义务（经济法律责任）、社会责任（自发性的道德行为）和社会响应（适应社会变化的能力），这样的一个分类使学者们开始重视企业不同类型的社会责任的重要程度及其履行顺序的研究。卡罗尔（Carroll，1979）则在前人研究的基础上提出了一个 CSP 三维模型——企业社会责任观、企业社会响应观、企业社会价值观，并提出了一个广义的企业社会责任概念，即"企业社会责任包含了在特定时期内，社会对组织在经济上、法律上、伦理上和自行裁量的期望"[①]，并且首次提出了影响深远的企业社会责任框架——"金字塔"模型。此模型的第一维度：企业社会责任是指企业的经济责任、法律责任、伦理责任和自愿责任之和，四个部分存在持续而动态的关系，并详细讨论了它们的具体含义。其后，卡罗尔在把"自愿责任"进一步具体化为慈善责任的同时，把四种责任从低到高排列成所谓的"社会责任金字塔"模型。卡罗尔认为，对于经济组织而言，第一，经济责任是企业最基本也是最重要的社会责任，但并不是唯一责任；第二，作为社会的一个组成部分，社会赋予并支持企业承担生产性任务、为社会提供产品和服务的权力，同

---

① Carroll A. B.. A three-dimensional conceptual model of corporate social performance [J]. Academy of Management Review，1979，4（4）：497－505.

时也要求企业在法律框架内实现经济目标，因此，企业肩负着必要的法律责任；第三，虽然企业的经济和法律责任中都隐含着一定的伦理规范，公众社会仍期望企业遵循那些尚未成为法律的社会公认的伦理规范；第四，社会通常还对企业寄予了一些没有或无法明确表达的期望，是否承担或应该承担什么样的责任完全由个人或企业自行判断和选择，这是一类完全自愿的行为，卡罗尔将此称为慈善责任。从企业考虑的先后次序及重要性而言，卡罗尔认为这是金字塔形结构，经济责任是基础也占最大比例，法律的、伦理的以及自行裁量的责任依次向上递减，四者的比重依次为 4∶3∶2∶1，这一权重也被称为"Carroll 结构"。金字塔模型的第二维度是社会问题管理。在明确社会责任性质的基础上，必须确定与这些责任相联系的社会问题或主体领域，包括：消费者、环境、种族歧视、产品安全、职业安全与股东。模型的第三维度是企业社会响应，它要求：第一，企业的社会责任应该得到衡量；第二，企业面临的社会问题必须得到确认；第三，回应的理念可以得到选择。这里包括预防、适应、防守与反应（见表 2-1）。随后，金字塔模型的三个维度被拓展为社会责任的原则（反映宗旨性目标）、社会响应的过程（反映制度化目标）和相应的政策（反映组织方面的目标）这三个方面的内容（Wartick & Cochran，1985）。

表 2-1　　　　　　　　　卡罗尔企业社会绩效三维概念模型

企业社会责任观	企业社会响应	企业社会问题管理
自愿责任	反应	消费者
伦理责任	防守	环境
法律责任	适应	种族歧视
经济责任	预防	产品安全
		职业安全
		股东

资料来源：Carroll A. B. A three-dimensional model of corporate social performance [J]. Academy of Management Review，1979（4）：497-505.

卡罗尔的研究可谓是对过往研究的一个总结，企业社会责任定义基本形成一个比较统一的认识。后期的学者开始转向研究企业为社会承担相应责任和义务所做的决策。卡罗尔的核心观点一直被很多学者发展与定义，成为应用最广泛的企业社会责任概念，他们从过程的角度而不是结果的角度去理解企业社会责任，为企业社会责任定义的理解提供了一个新的视角。此外，在这一时期，研究者们试图通过构建 CSP 模型界定 CSR 内容，并尝试把公司社会责任和战略响应整合在一起。但这些模型仍然难以测量和实施实证检验。

三、企业社会责任概念的发展阶段（20 世纪 90 年代至今）

20 世纪 90 年代以来，学者们开始关注企业社会责任的外延范畴。布鲁默（Brummer，1991）认为社会责任分为四种相互并列且不同的责任：企业经济责任、企业法律责任、企业道德责任和企业社会责任。其中，企业经济责任和企业社会责任相对应，但是前者强调关注股东利益，而后者强调关注社会公益。企业法律责任与企业道德责任相对应，区别在于两者所受到的约束性质不同，前者是强制性的制度约束，后者是非强制性的约束。伍德（Wood，1991）在完善和拓展前面研究的基础上，不仅把企业社会责任原则、企业社会响应与企业行为结果（包括公司政策、规划和其他可观测的结果）构成三维体系，而且把规范研究、实证研究与对策研究整合起来，提出了更具操作性和实用性的模型，具有较好的系统性、过程性与层次性，因此被广泛接受（见表 2 - 2）。

表 2 - 2 　　　　　　　　　　伍德的企业社会绩效模型

企业社会原则	企业社会响应过程	企业行为结果
制度原则：合法性	环境评估	社会影响
组织原则：公共责任	利益相关者管理	社会计划
个人责任：管理者的自由斟酌	问题管理	社会政策

资料来源：Wood D. J. Corporate social performance revisited [J]. Academy of Management Review，1991a，16：691 –717.

1997 年，约翰·埃尔金顿（John Elkington）提出了三重底线的概念，认为企业行为要满足经济底线、社会底线与环境底线。一是经济责任，企业应该首先做到健康经营、良性发展；二是社会责任，社会责任需要企业关注自身内外的人文环境建立；三是环境责任，企业需要承担其企业公民的责任，加强自然保护力度并大力宣传环保，同时尽可能地使产品做到健康、安全，考虑生产绿色产品。他指出利润、环境保护和社会责任是企业生存与发展的三条基本底线，企业要想实现可持续发展，就不能超出这三条底线。因此，从本质上讲，三重底线理论是社会衡量企业行为的三维标准，它对企业经营行为提出了要求，限定了企业的生产经营的底线，满足三重底线是维护企业合法性、确保企业生存与发展的基本前提。三重底线理论提出之后，逐渐成为理解企业社会责任概念的共同基础，即从企业与社会的关系出发，企业要承担最基本的经济责任、社会责任和环境责任。兰托斯（Lantos，2001）提出了由道德性责任、慈善性责任和战略性责任组成的企业社会责任模型。后续的实证研究指出实际上没有任何一个层次的社会责任在企业社会责任的概念中的作用是最基本的或者说是最重要的，它们绝大部分内容是相互独立的，只有很少一部分有着并不明显的联系（Schwartz & Carroll，2003）。据此，他们在之前四要素模型的基础上提出了 IC 模型（Intersecting Circles Model）。

这一阶段，特别是 21 世纪以来，企业的组织形态与经营环境发生较大变化，研究 CSR 的重点已经把概念应该包括的责任内容和范畴与具体的情境相结合，考量不同国家与地区的特点，以及不同制度背景下企业社会责任内涵与行为的差异，并试图揭示差异的原因。比如：借用制度理论的分析方法，概述了企业社会责任在欧美之间的差异及其原因，然后提出了一个理解欧美差异的概念性框架，并运用该框架对全球其他地区进行比较（Matten & Moon，2008）；通过企业社会责任意义建构过程模型，用以解释组织的管理者如何以负责任的方式思考、讨论与行动，从而研究组织的特点与履行企业社会责任特性之间的相关性。同时，深入探究企业与社会之间的关系成为进一步研究的方向（Basu & Palazzo，2008）。

此外，不少学者对企业社会责任展开实证研究，主要关注企业社会绩效－财务绩效的关系（CSP－CFP），成果斐然，但研究并未取得一致：两者之间存在正相关、负相关、不相关、U 形关系。这种矛盾的结果使得不少学者反思研究情境，因为大部分实证研究都是以发达国家的企业为研究样本，发展中国家的企业开始进入研究视野。如贝拉勒（Belal，2001）对孟加拉国企业的研究、扎马里（Jamali，2007）对黎巴嫩企业的研究，分别提出其对发展中国家企业社会责任定义的看法。弗洛普等（2000）对匈牙利商业企业和非商业企业社会责任情况的研究提出过渡性经济国家的企业社会责任理论等。而实证研究自身的局限性促使学者们致力于提高研究方法的严谨性。

企业社会责任中的"社会"代表了最广泛利益体的总和，但并没有明确界定企业应该对谁负责，而"利益相关者"则把"社会"具体化为特定的主体（Wood，1991a），"利益相关者"已经成为理解与描述企业与社会关系各种结构与维度的关键（Carroll，1994），企业需要对"那些可以影响企业目标实现或者被企业实现目标所影响的群体"（Freeman，1984）负责。而"责任"则需探讨"本质"及"范围"。弗里德曼（1970）将管理者定位为"在遵守蕴涵在法律和伦理惯例中的社会基本规则的同时，尽最大可能地赚钱"，这与金字塔模型修正后的经济、法律、伦理三领域（Schwartz & Carroll，2003）非常类似，由此"责任"被划分为制度、组织与个人三个层面（Wood，1991b）。社会赋予企业以合法性与权力，长期来看，企业必须是一个负责任运用权力的社会机构，否则，企业将会失去权力（Davis，1973）。同时，制度理论强调企业行为的依从性、习惯性和权宜性，其核心概念"合法性"突出了企业的社会情境是在规范、价值、信念和定义等社会结构的系统内。企业社会责任研究在 20 世纪五六十年代专注于宏观社会与经济层面，将企业社会责任作为修正市场自由经济的一种辅助手段。进入 20 世纪 70 年代，学者们尝试向更加具体的可观察的组织层面展开研究。如今，企业社会责任与组织的发展目标紧密相连，关于企业社会责任与企业绩效的研究不断深入。

第二节　国内企业社会责任概念的发展

对于企业社会责任的研究，我国相对西方国家起步较晚，这也导致我国对企业社会责任概念的理解和研究长期处于引进、消化、吸收的阶段。

一、企业社会责任概念研究的起步阶段（20 世纪 80 年中期～90 年代中后期）

20 世纪 80 年代，随着欧美管理思想与方法引入我国，我国少数学者开始关注企业社会责任，并从理论上对这一概念进行了零散地研究。徐淳厚（1987）提出："商业企业的社会责任，就是企业在营销活动中客观存在的，有义务完成的，维护公众利益，保证经济增长，促进社会发展方面的责任。"

20 世纪 90 年代以来，随着我国社会主义市场经济体制改革目标的确立和逐步发展以及我国经济全球化进程的发展，中国逐渐与世界经济接轨，成为"世界工厂"，劳工问题日益为国际社会所关注，企业社会责任问题日益突出，我国学术界逐渐开始重视对企业社会责任的研究。王齐和庄志毅（1989）认为，"企业对有关各种社会集团所承担的特定的责任，就称为企业的社会责任，这种责任既包括经济性责任，也包括非经济性责任，有法律上的责任，也有道义上的责任"[①]。李占祥（1993）认为，企业的社会责任是指企业对社会承担的职责，应做的奉献和应尽的义务，也就是说，企业的社会责任要由社会对企业的要求来回答。刘俊海（1997）则认为，"公司的社会责任，是指公司不能仅仅以最大限度地为股东谋求营利作为自己的唯一存在目的，而应当负有维护和增进社会其他主体利益的义务"。

二、企业社会责任概念研究的初步发展阶段（20 世纪 90 年代末～2005 年末）

进入 20 世纪 90 年代以后，企业长期单纯追逐盈利导致许多社会责任问题的

---

① 王齐，庄志毅. 论企业的社会责任与企业文化塑造［J］. 中国工业经济，1989（1）：38－44.

严重后果浮出水面，逐渐被人们所意识，而此时社会责任思潮也在我国逐渐兴起，这迫使企业需要辩证看待社会责任。国内理论界一些学者开始对企业社会责任进行比较系统的研究，如卢代富、李正等，这直接引起对企业社会责任概念较为深入地探讨。

卢代富（2001）指出，企业社会责任是创设于企业经济责任之外、独立于企业经济责任并与经济责任相对应的另一类企业责任，是"企业在谋求股东利润最大化之外所应负有的维护和增进社会利益的义务"①。陈宏辉和贾生华（2003）从制度经济学出发，借鉴唐纳森和邓飞的观点，将企业社会责任看作是企业与其利益相关者之间签订的（隐性和显性）综合社会契约，希望通过综合社会契约的概念来寻求企业社会责任与利益相关者利益的紧密结合以及相应的制度保证。屈晓华（2003）认为："企业社会责任是指企业通过企业制度和企业行为所体现的对员工、商务伙伴、客户（消费者）、社区和国家履行的各种积极义务和责任，是企业对市场和相关利益群体的一种良性反应，也是企业经营的综合评价指标，包括企业的经济责任、生态责任、伦理责任和文化责任等。"②。易开刚（2006）认为企业社会责任是企业除创造经济利润外，应承担的对环境、员工、顾客、投资者、公众等利益相关者的社会责任。这些责任会影响企业的产品质量、获利能力、企业品牌形象、人力资本和创新能力③。

三、企业社会责任概念研究的快速发展阶段（2006 年初至今）

在这一阶段，随着我国科学发展观的提出，我国企业社会责任概念的相关研究进入了快速发展时期，引起了政府、企业与社会的极大关注。2006 年 3 月，国家电网公司率先发布我国大陆企业首份社会责任报告，报告认为，企业社会责任是企业履行社会责任的简称，是指企业为实现自身和社会的可持续发展，遵循法律法规、社会规范和商业道德，有效管理企业运营对利益相关方和自然环境的影响，追求经济、社会和环境的综合价值最大化的行为。自 2006 年国家电网率先发布第一份社会责任报告，迄今为止，每年都有大量上市公司发布社会责任报告，说明企业开始逐渐重新关注社会责任意识，我国企业社会责任研究进入一个新的历史阶段。

李正和向锐（2007）认为企业社会责任是企业在谋求股东利益最大化之外所承担的维护和增进社会福利的义务，包括企业活动的合法性以及企业的伦理活

---

① 卢代富. 国外社会责任界说述评［J］. 现代法学，2001（3）：137 - 144.
② 屈晓华. 企业社会责任演进与企业良性行为反应的互动研究［J］. 管理现代化，2003（5）：13 - 16.
③ 易开刚. 民营企业社会责任：内涵、机制与对策——基于竞争力的视角［J］. 经济理论与经济管理，2006（11）：65 - 69.

动。李伟阳和肖红军（2009）则从资源配置的角度出发，认为企业社会责任的本质是创建利益相关者的合作机制，通过合作机制充分容纳利益相关者的复杂性和多元化，提升利益相关者的价值认知能力，充分发挥利益相关者的价值创造潜能，追求综合价值最大化，最终实现社会资源的优化配置，创造尽可能多的社会福利。李伟阳（2010）认为企业是"通过为社会提供商品和服务与内嵌于商品和服务提供过程中的人与人的社会交往过程而增进社会福利的有效方式"，与此相对应，企业社会责任的边界应为："最大限度地实现与商品和服务提供过程相联系的综合价值"，并"最大限度地实现与内嵌于商品和服务提供过程中人与人的关系相联系的综合价值"①。

第三节　主要概念比较

20 世纪 90 年代末开始，企业社会责任、企业伦理、企业公民等观点渐渐成为社会流行语。随着时间推移，企业社会责任与这些流行语之间互相混杂，它们的内容也在发生演变，各有侧重，有必要进行区分。

一、企业公民

企业公民概念由实践进入企业社会责任研究领域，全球性企业公民运动的普及促进了这个概念的广泛应用。曼坦等区分了三种较具代表性的企业公民定义：第一是有限的观点，即企业公民的含义与企业慈善活动、社会投资或对当地社区承担的某些责任相近；第二是与企业社会责任类似的、最普遍的观点，以卡罗尔的观点为代表，即"有社会责任的公司应该努力创造利润、遵守法律、有道德并作为一个好的企业公民"；第三是延伸的观点，即企业对社区、合作者、环境都要履行一定的义务和责任，责任的范围甚至延伸至全球。"企业公民"不仅是一个理论研究的课题，而且已经成为一种全球性的社会运动，它将经济行为与更广泛的社会信任相联系，并服务于双方的利益，特别强调企业作为社会中的经济实体必须承担与个人类似的、应有的权利和义务。

所谓企业公民，就是指按照法律和道德的要求享有经营谋利的权利，同时履行对利益相关者和社会责任的企业。公民概念的核心和本质是"公民身份"，公民身份强调的是权利与义务的统一。企业公民概念后于企业社会责任概念出现，其凸显的是企业与利益相关者、社会的互动和"公民权"，这也正是企业公民概

---

① 李伟阳. 基于企业本质的企业社会责任边界研究 ［J］. 中国工业经济，2010（9）：89 - 100.

念超越传统的企业社会责任概念的本质所在。企业公民概念也强调责任，但这种责任已上升到了道德的层面。企业公民是公民社会出现的概念，公民社会凸显公民的权利，强调民主、平等、人道等价值观念，但同时也强调公民的责任意识和公益心。因此，企业公民概念强调企业作为公民社会的一员，不再仅仅关注自身的财务绩效，还必须与社会互动，进一步积极参与解决社会问题。因为凸显行为特征上的积极性，企业公民概念超越了企业社会责任概念。一方面，企业公民概念将企业社会责任从一种自觉行为发展为公民观下的公民社会义务；另一方面，企业公民在强调相关利益者关系时，不再像弗里曼那样将企业置于中心地位，然后通过众多的箭头指向各个首要和次要的利益相关者，企业公民将社区放在中心，企业在整个社会生态大环境中作为成员之一，与其他相关利益者一起相互依存，共同面对社会承担责任。

二、企业伦理

企业伦理是企业与其所有利益相关者建立关系及互动时应遵守的观念性规则和行为规范，是企业作为一个社会生活主体，按社会伦理规范要求，理应承担的责任和理应尽到的义务，同时也包括企业违背社会伦理规范应承担的后果。企业伦理是可以进行多种划分的。李萍教授（2016）曾提出一种划分方式，她将企业伦理划分为：其一，内向的消极企业伦理，如容忍企业内性别歧视、企业内人事制度中的非人性规定等，但不做明显违法的事，只是守住法律的最低要求；其二，外向的消极企业伦理，如放纵公害、政商勾结、偷税漏税，但保持企业的赢利业务的扩大和雇佣的增长，始终履行企业的经济义务；其三，内向的积极企业伦理，如主人翁精神、人才培养，努力营造良好的企业氛围，但受益者主要限于企业内或与企业直接相关的少数人；其四，外向的积极企业伦理，如福利、消费者保护、产学结合、注重企业伦理对企业经济目标和经营活动的引导。企业公民概念属于上述企业伦理的第四种划分。也就是说，企业公民概念强调外向的积极企业伦理。而其他一般的企业伦理则只注意企业伦理的第二种与第三种划分，即外向的消极企业伦理和内向的积极企业伦理。

三、企业社会责任、企业公民与企业伦理

企业社会责任、企业伦理与企业公民既相互区别，又紧密联系。企业社会责任思想与实践是企业公民概念的思想前提，而企业公民概念则是企业社会责任运动发展的必然结果。企业伦理是企业公民概念不可或缺的另一维度，是企业公民概念的道德内涵，是企业公民概念的伦理学说法。企业社会责任概念强调的是责

任，企业社会责任在肯定企业为利益而发展的过程中，应该兼顾对雇员、客户、社区、资源环境等方面的道义。从企业社会责任概念中难以发现企业的权利，权利与责任的对等关系难以彰显，因而企业在履行社会责任的过程中更侧重强制性。

第四节　国际组织与各国政府对企业社会责任的推动

进入 21 世纪，经济全球化趋势日益深入，履行社会责任逐渐成为全球企业的共同义务、挑战和追求。企业社会责任的倡导和研究主体不再局限于学者和企业家，国际组织和国家成为推动企业社会责任理论和实践向前发展的重要力量。实务界对企业社会责任的认识已经从最初的"该不该做"发展到"怎么做"的阶段，并且涉及的领域越来越细致具体。

一、企业社会责任的国际标准

1997 年，美国民间组织成立了经济优先权委员会（Council on Economic Priorities Agency，CEPPA），由其负责制定社会责任标准。1997 年 8 月，SA8000（Social Accountability 8000 International standard）公开发布，这是全球首个社会责任国际标准，旨在确保供应商供应的产品符合社会责任，主要以保护劳动环境和条件、劳工权利等劳工标准为核心内容，要求公司遵守 SA8000 标准已经列出的 13 个有关劳工标准的国际公约和协议的原则。随后的几年内，SA8000 标准被修订了三版。

2000 年 7 月，致力于可持续发展的联合国全球契约（Global Compact）发布，倡导开展尽职商业活动的公司建立政策平台与实践框架时应遵循包括人权、劳工、环境和反腐败四个方面共 10 项原则，来自 145 个国家的 12000 多个企业自愿遵守此具有共同价值的标准，目的在于推进全球化朝积极的方向发展，由此，全球契约成为世界上最大的企业社会责任倡议。

国际标准化组织（International Standard Organization，ISO）从 2004 年启动 ISO26000 的制定工作，旨在为组织开展社会责任活动提供相关指南。该标准在起草过程中，包括中国在内的 90 多个国家的 400 多名专家共同参与了制定工作，2010 年 11 月 1 日，ISO 正式发布 ISO26000《社会责任指南》，其中组织开展社会责任活动需遵循组织治理、人权、劳工惯例、环境、公平运行实践、消费者问题、社区参与及发展七个核心内容。社会责任指南标准（ISO26000）提出了社会责任的行动指南，是全球第一个由国际组织提出的社会责任国际标准。社会责被定义为："通过透明和道德行为，组织为其决策和活动给社会和环境带来的影响承担的责任。这些透明和道德行为有助于可持续发展，包括健康和社会福祉，考虑到利益相关方的期望，符合适用法律并与国际行为规范一致，融入到整个组织并践行于其各种关系之中"。该国际标准为自愿性标准，各类组织可根据实际需要自主选用。

欧洲联盟（European Union，EU）开展企业社会责任的重要基础是 2000 年的《里斯本战略》，明确了欧洲经济社会改革的战略目标。2001 年，欧盟委员会发表了《欧洲关于企业社会责任的基本条件》；2002 年 7 月，《关于企业社会责任的报告：企业对可持续发展的贡献》提出了欧洲企业社会责任行动框架；2008 年 12 月，欧盟委员会发布欧洲竞争力报告，首次指出企业社会责任在增强企业竞争力方面能够发挥积极作用；2011 年 10 月，欧盟通过企业社会责任战略，并指出欧洲在推进企业社会责任方面必须和联合国全球契约、ISO26000 等国际最新原则保持一致，企业社会责任是企业在社会影响方面的责任，是指企业在自愿的基础上，把社会和环境的影响整合到企业运营以及与利益相关方的互动过程中，鼓励企业通过企业社会责任战略探索创新产品、服务和商业模式的发展。

世界银行将企业社会责任看作企业与关键利益相关方的关系、价值观、遵纪守法以及尊重人、社区和环境有关的政策和实践的集合，是企业为改善利益相关方的生活质量而贡献于可持续发展的一种承诺。

国际劳工组织提出，企业社会责任是指企业在经济、社会和环境领域承担某些超出法律要求的义务，而且绝大多数是自愿性质的。因此，企业社会责任并不仅仅是遵守国家法律，劳工问题只是企业社会责任的一部分。

二、西方国家对企业社会责任的界定与推动

1924 年，美国商务部采纳了企业伦理委员会提出的"企业行为准则"，规定企业对股东负主要责任，还必须对雇员、消费者及同行负责。1925 年，企业行为准则被有 30 万会员的 750 多个行业协会组织通过并接受（Heald，1970）。美国也越来越重视企业社会责任问题，美国商务社会责任协会（Business for Social Responsibility，BSR）2006 年召开年会，讨论未来商业和企业社会责任十大趋势。美国国际商业委员会指出，企业社会责任是指公司对其社会角色所担负的责任，这些责任是在自愿基础上的并高于相关法律的要求，有利于保证公司的生产经营活动对社会产生积极影响，主要涉及公司商业道德、环境保护、员工待遇、人权和社会公益行动等问题。年会特别明确了企业社会责任能够带来商业上的利润，是企业出于自身利益的行为。会议集中于公司如何承担以及可以怎样做的深度探讨。同年 11 月 22 日，世界最大软件公司微软公司宣布加入联合国全球契约，加

强了美国公司参与全球契约的力度。

2002年12月，日本经济产业省开始就企业社会责任标准化和企业社会责任的组织推进等问题进行讨论，但由于日本经济团体联合会强调企业自主性，反对将其法制化与标准化，所以日本官方一直未给出企业社会责任的定义和指导意见。2003年，CSR一词开始频繁出现在日本媒体报道中，新闻周刊、日本经济新闻等著名媒体还发布了各自的企业社会责任排行榜。日本经济同友会发布了第15次企业白皮书《市场的进化和CSR经营》与《CSR自我评价基准》，号召企业对自身的CSR现状进行评价，设定发展路线图，对组织结构进行调整以便推进企业社会责任实践。经济同友会2004年2月发布了《关于推进企业社会责任的基本思想》，企业社会责任是指通过构建企业和社会的互动发展机制，从而努力追求企业可持续发展和实现更美好社会的实践活动。核心关键词是可持续发展，要求企业在经济、环境和社会三个方面给予回答和应对。

德国联邦劳动与社会保障部是企业社会责任的中央主管机构，负责企业社会责任在德国和全球范围内的推进。2009年，德国政府开始正式将企业社会责任提升到国家战略层面；2010年10月6日，《企业社会责任国家战略》发布，设定了与企业社会责任实践有关的目标、课题、公约和措施等，成为欧盟率先出台企业社会责任战略的国家，强调企业社会责任是国家社会市场经济体系的首要组成部分，旨在搭建一个良好框架，不仅注重发展市场力量，而且以积极承担社会责任方式规范企业的自由行动，支持经济稳定、社会公平、环境和谐的商业发展，以加强企业的长期竞争力。

三、中国对企业社会责任的界定

从国际社会到主要西方国家都在积极推动企业履行社会责任，企业社会责任已经呈现国际化、强制化、标准化的趋势，成为各国政府、企业及组织共同认同的价值观与行为准则。特别是欧洲一些国家将企业社会责任提升至国家战略，将其战略定位于服务经济增长、社会和谐、环境保护的可持续发展，一方面提高社会公众对企业社会责任的认知程度，另一方面，提升企业的国际竞争力与国家的良好形象。

中国证券监督管理委员会于2002年1月7日颁布的《上市公司治理准则》第81条指出："上市公司应尊重银行及其他债权人、职工、消费者、供应商、社区等利益相关者的合法权利。"在第86条指出："上市公司在保持公司持续发展、实现股东利益最大化的同时，应关注所在社区的福利、环境保护、公益事业等问题，重视公司的社会责任。"

2008年，国资委在《关于中央企业履行社会责任的指导意见》中将企业社会责任定义为企业为实现自身与社会的可持续发展,遵循法律、道德和商业伦理,自愿在运营全过程中对利益相关方和自然环境负责,追求经济、社会和环境的综合价值最大化的行为。2011 年《中央企业"十二五"和谐发展战略实施纲要》对中央企业社会责任工作提出更高要求,即为实现"做优做强、世界一流"目标提供支撑。

我国银监会 2007 年发布《关于加强银行业金融机构社会责任的意见》,指出履行社会责任是金融机构提升竞争力的重要途径,也是构建和谐社会的必然要求。银行业金融机构的企业社会责任被定义为银行业金融机构对其股东、员工、消费者、商业伙伴、政府和社区等利益相关者以及为促进社会与环境可持续发展所应承担的经济、法律、道德与慈善责任,至少应包括经济责任、社会责任和环境责任。

国家电网公司将企业社会责任定义为企业为实现自身和社会的可持续发展,遵循法律法规、社会规范和商业道德,有效管理企业运营对利益相关方和自然环境的影响,追求经济、社会和环境的综合价值最大化的行为。

中国劳动与社会保障部劳动科学研究所认为企业社会责任是指企业在为股东谋取最大利润的同时,应当充分考虑利益关系人的利益,主要包括人权、劳工权益和环境三个方面,其中劳工权益是核心。

2006 年 10 月,中国企业联合会可持续发展工商委员会(China Business Council for Sustainable Development,CBCSD)和北京大学光华管理学院发布中国企业社会责任标准。CBCSD 标准突出强调"社会进程及企业本地嵌入性",所列条目多为规范意义上的建议,没有更详细的探讨。2015 年 6 月 2 日,我国国家质量监督检验检疫总局、国家标准化管理委员会正式出台"36000"数字系列的三项社会责任国家标准,社会责任国家标准包括《社会责任指南》(GB/T 36000 - 2015)、《社会责任报告编写指南》(GB/T 36001 - 2015)和《社会责任绩效分类指引》(GB/T 36002 - 2015)三项标准。社会责任国家标准的颁布施行,不仅意味着履行社会责任有了"规定动作",更标志着中国社会正从"企业责任"时代步入"全民社会责任"的新时代。

第三章

企业社会责任研究

第一节　相关理论研究

早期企业社会责任研究的重点是对其概念的界定，其中包括对企业是否应该承担以及应该承担什么社会责任的讨论。由于大部分定义过于模糊和抽象，并且缺乏内在的一致性，因此，研究者们开始倾向于以企业社会责任作为出发点，通过各种衍生概念、主题来丰富研究。下文的讨论参考了沈洪涛和沈艺峰（2007）、沈洪涛（2010）与郑海东（2012）的研究。

一、新古典经济学

新古典经济学推崇的企业利润最大化目标观长期占据主流地位，对企业行为实践产生了重大而深远的影响，并与后来广泛流行的企业社会责任思想严重对峙。在新古典经济学的分析框架下，企业本质上是一个生产函数，在市场这只"无形之手"的作用下，企业利益与社会资源的优化配置、企业利益与社会福利能够自动实现一致，即企业追求利润最大化的行为，能够有效促进社会资源的更优配置，自动实现社会福利的最大化。新古典经济学代表人物弗里德曼的观点更是旗帜鲜明。他在1962年出版的《资本主义与自由》一书中明确指出："在自由经济中，企业有且仅有一个社会责任——只要它处在游戏规则中，也就是处在开放、自由和没有欺诈的竞争中，那就是要使用其资源并从事经营活动以增加利润"。弗里德曼（1970）再次重申："公司社会责任就是尽可能地赚钱。"他将社会责任思想称为"根本上有颠覆性的学说"。简言之，新古典经济学的企业社会责任观就是，在市场经济条件下，由于价格机制的作用，企业追求利润最大化目标的行为能够自动实现社会福利最大化，因此，企业的社会责任就是经济责任，最大限度地创造利润。但是，新古典经济学基本以理性人与短期自利性为核心假设。格雷（Gray，2002）曾借用新古典经济学中的名言"没有免费的午餐"说明，自由资本主义付出了环境恶化、社会贫富加剧等"高昂到难以承受的代价"。因此，新古典经济学无法为企业社会责任提供合适的理论框架。

二、利益相关者理论

利益相关者理论的渊源可以追溯到 20 世纪 60 年代，斯坦福研究院的一些学者受到股东（shareholder）的启发，利用另外一个对应的词 stakeholder 来表示与企业密切相关的所有人。安索福在《公司战略》里正式使用了"利益相关者"一词，他认为，企业目标的制定必须综合平衡考虑企业诸多利益相关者之间相互冲突的索取权。此外，北欧在 60 年代也经历了理论研究的繁荣期，甚至一直延续到 80 年代，可能囿于语言障碍，其思想与实践未进入广大学者的视野。尽管利益相关者概念的提出已有相当一段历史，但学术界公认的、真正的理论研究始于 80 年代，其标志出现在 1984 年弗里曼出版了《战略管理：一种利益相关者方法》之后。弗里曼运用利益相关者理论回答了企业的经营活动应该对谁承担社会责任的问题。在他看来，"利益相关者就是任何能够影响公司目标的实现或受到组织目标实现过程所影响的任何集团或个人"。在此后的 20 多年里，利益相关者理论在经济学、管理学、伦理学、社会学、政治学、公共管理学等领域获得长足进步。但是，利益相关者理论一直没有进入主流经济学中，它认为企业利益相关方应当共享企业的剩余所有权与剩余控制权，这与主流企业理论中股东应独享企业剩余所有权与剩余控制权的观点完全不相容。国外利益相关者理论的研究主要集中于战略管理领域，这对企业社会责任研究具有重要意义。尤其是 20 世纪 90 年代以后关于利益相关者的界定与分类的研究，为企业社会责任的研究提供了有力的理论支撑。

克拉克森（Clarkson，1991）首次明确在企业社会责任研究中提出采用利益相关者研究框架。他将利益相关方分为第一层级（Primary Stakeholders）和第二层级（Secondary Stakeholders）。第一层级是指公司持续经营不可或缺的人，包括管理者、员工、股东、供应商、债权人、顾客与政府及社区。第二层级是指左右或影响公司或者受公司左右或影响的人，包括媒体等其他特殊利益者。米切尔（Mitchell，1997）强调了利益相关方的三个关键特征：权力（power）、合法性（legitimacy）和紧迫性（urgency），权利是指"具有得到他们所希望结果的权利"，合法性是指"社会所接受和预期的结构与行为"，紧迫性是指"利益相关方要求即刻关注其利益的行为"。根据这三个特征，米切尔将利益相关方分为八类：潜在的、酌定的、苛求的、主要的、危险的、依赖的、确定的利益相关方与非利益相关方。在理解利益相关方的特征时，关键点在于：第一，利益相关方是以他们与公司的关系为基础，也就是说他们的性质与环境决定了特征；第二，利益相关方是针对公司管理者来说的，只有获得管理者的关注才具有实质意义；第三，利益相关者的特征是动态的，不是固定的、主观决定的。

利益相关者理论明确了企业社会责任管理对象的具体内容与范围；提供了测量企业社会责任的科学方法；在企业社会责任和战略管理之间开辟了新通道；同时，突破股东利益至上的传统观点，提供了新的理论研究框架。由于在引入利益相关者理论之前，企业社会责任主要根据卡罗尔的金字塔理论框架来确定，比较抽象，不如利益相关者理论容易理解，并具有较强的操作性，因此利益相关者理论得到越来越多的认可与引用。在利益相关者理论框架下，企业社会责任首先关注有哪些利益相关者，然后对某一类利益相关者，优先满足哪些利益诉求，并满足到什么程度。企业管理者会依据自身需要、能力、各利益相关者的重要性等因素综合平衡，然后进行优先排序。所以，利益相关者理论更重要的是为企业社会责任的实施提供了一个很好的分析工具。

三、合法性理论

合法性概念源自政治经济学，它认为社会政治和经济是不可分割的，离开了政治、社会和制度框架，经济问题就不能被有意义地研究。组织合法性是制度学派的一个核心概念，它来源于韦伯（Weber，1958）在《新教伦理与资本主义精神》中对官僚型组织的研究。韦伯（1958）认为官僚行政组织的规则、标准化的控制提高了组织效率，并制度化形成了资本主义组织的一个"铁笼"（iron-cage），成为人们行为的准则与约束。因此，韦伯认为组织合法性（legitimacy），即组织活动与组织强制规则、结构能够保持一致性。随后的制度学拓展了合法性的内涵，认为组织合法性是组织价值观与组织所嵌入社会情境的价值观形成的一致性（Parsons，1960）。合法性是指一个拥有权力和权威的群体，该群体需要从受其权力管制的群体那里获得认可，这不仅适用于政府和公民，也适用于那些拥有一定权力且需要获得对权力的认可的任何社会组织。

新制度学派（neoinstitutionalism）突出强调了社会认知系统，认为由于人们决策的有限理性和环境不确定性，人们难以依靠自身判断组织的价值和可接受性，往往依据组织与既有制度的一致性（如是否符合公认的认证标准、管制以及社会认知等）判断组织的合法性（Ruef & Scott，1998；Tornikoski & Newbert，2007）。认知系统之所以重要，是因为从认知视角看，社会结构界定了合适的行动角色和规则（Scott，1995）。因而处于既有社会系统中的参与者既要学习他们是谁（身份），也要学习他们被期望为什么（角色）。通常在一定阶段内，既有制度/社会结构内的规范、价值观、信仰和定义框架是稳定的，因此人们会参照既有制度对组织活动的适当性（appropriate）、恰当性（proper）和合意性（desirable）做出一般的感知或假定，即合法性水平（Suchman，1995）。而组织寻求提高人们感知企业合法性水平的过程，即合法化（legitimation）（Maurer，1971）。概括地说，即组织通过与人们普遍认可的制度（管制、规范和认知）达成一致性而获得合法性（Ruef & Scott，1998；Dowling & Pfeffer，1975；Powell & DiMaggio，1991；Scott，1995）。早期的制度学者认为组织是通过遵守广泛接受的规则和仪式获得合法性（Powell & DiMaggio，1991）。目前大多数制度学者认为组织应该主要关注的是对组织声誉和生存能力有关键影响的利益相关者的制度观，并通过主动采取合法化行为来获取合法性（Pfeffer & Salancik，1978；Zimmerman & Zeitz，2002）。

拉马纳坦（Ramanathan，1976）提出企业社会责任的目标之一就是"决定公司那些直接影响资源以及个人、社区、社会各部分权力的战略和实践，是否一方面与广泛认同的社会重点相一致，另一方面与公司的合法性目标相一致。"[①] 无论是发生合法性危机后的事后补救还是树立良好社会形象的主动预防，社会责任和环境信息披露都是公司合法性管理的一种方式。林德布鲁姆（Lindblom，1994）认为组织合法性是一个动态的概念，一个组织可能由于多种原因被社会认为不具备合法性，随着社会期望的变化以前被接受的企业行为现在可能不再被接受。萨奇曼（Suchman，1995）将合法性概念引入到组织与企业研究中，将合法性定义为在一个由社会构建的规范、价值、信念体系中，组织行为被认为是可取的、恰当的、合适的、一般性的感知和假定，即组织合法性探讨的是组织与其所处的外部环境之间的紧密关系。迪根等（Deegan et al.，2000）认为合法性就是一种披露。迪根（2002）深入阐述了合法性理论对管理层披露社会和环境信息的影响，他认为合法性理论是解释企业披露社会和环境信息最有可能的动机之一，其作用可以用来解释管理层决策和行为。他得出企业披露社会和环境信息是因为合法化战略意图而不是基于自觉责任的结论。范·德·拉恩（Van Der Laan，2004）认为合法性理论相对于利益相关者理论来说对解释管理层披露企业社会责任信息方面更有意义。她认为如果把企业社会责任信息细分为强制的和自愿披露的信息，那么利益相关者理论和合法性理论就可以更好地解释披露动机了。其中，利益相关者理论可以用来解释管理层披露强制性社会责任信息的动机，而合法性理论可以用来解释自愿性社会责任信息披露的动机。

---

① Ramanathan K. V. Toward a theory of corporate social accounting [J]. The Accounting Review，1976，51（3）：516 – 528.

四、战略型社会责任理论

21 世纪后，企业逐渐将履行社会责任纳入企业战略管理的体系中，波特和克莱默（Porter & Kramer，2006）提出了战略型社会责任理论，创造了共享价值的理念。该理论认为，企业和社会相互依存，但没有一个企业有足够的能力和资源解决所有的社会问题。影响企业的社会问题有三类：第一类是普通社会问题，这些问题虽然对社会有重要意义，但既不受企业运营影响，也不影响企业的长期竞争力；第二类是价值链主导型社会问题，这些问题会受到企业经营活动的显著影响；第三类是竞争环境主导型社会问题，这些存在于企业外部运营环境中的问题会对企业竞争驱动力造成巨大影响。对于第一类问题，企业应该留给其他更有优势的组织来处理，企业要做的是在第二类和第三类问题中找到共享价值的机会。

企业对于社会责任的处理也可分为两类：一类是反应型的，另一类是战略型的。反应型企业社会责任又分为两种形式：（1）做一个良好的企业公民，参与解决普通社会问题，比如进行公益性捐助；（2）减轻企业价值链活动对社会造成的损害，比如妥善处理废物排放。企业履行战略型企业社会责任不只是做一个良好的企业公民，也不只是减轻价值链活动所造成的不利社会影响，必须完成对履行良好企业公民义务和自觉减轻对价值链的消极影响等内涵的超越，转而在更高层面上开展那些能产生社会利益并同时强化企业战略的价值链活动（Porter & Kramer，2006），也就是要推出能产生显著而独特的社会效益与企业效益的重大举措。履行反应型社会责任虽然能给企业带来竞争优势，但这种优势通常很难持久。只有通过战略性地承担社会责任，企业才能对社会施以最大的积极影响，同时收获最丰厚的商业利益。显然，在第二类和第三类社会问题中找到共享价值的机会，并进行战略型反应是企业承担社会责任的必然选择。

战略型企业社会责任包括由内及外和由外及内两个维度。第一个维度：企业价值链上的每一个活动都会与外界发生联系，包括经营选址、采购、资源利用、生产、物流、产品分销等所有业务活动；第二个维度：企业给社会带来影响的同时，社会环境也会给企业施以影响，产生"由外及内"的联系。社会环境是一种重要的竞争环境要素，波特提出了竞争环境钻石模型，将社会环境对企业竞争力影响概括为企业所处环境、当地需求条件、企业生产要素投入条件和相关配套行业四个关键要素。针对两个维度，波特和克莱默（2011）提出了创造共享价值的理念。共享价值可定义为一种企业的政策和运营方式，它们在增强企业竞争力之余，还能改善企业所在社区的经济与社会环境。共享价值采用一种全新视角来看待企业与社会之间的关系，追求的是扩大经济与社会总价值，不再把企业成功与社会福利看作一个此消彼长的零和游戏，而是兼顾两者。企业将占有的资源与知识投入到对社会有利的活动中去，履行社会责任就有可能成为企业实现战略目标，赢得可持续竞争优势，并推动社会进步的重要动力。同时，促使企业践行与社会共生的理念，使企业自身发展成为社会企业。

五、资源基础理论

20 世纪 80 年代以来，资源基础理论（Resource Based Theory，RBT）逐渐取代传统的基于产品的企业理论，成为具有广泛影响的战略管理理论之一。资源基础理论认为，企业是资源的集合体，但是其拥有的资源各不相同，具有异质性，这决定了企业获利能力与竞争力的差异。这里的"资源"分为有形与无形两类，包括企业所能控制的、能实施并形成提高效率与效益的所有资源。其中，有形资源具有较强的通用性与可转移性，因而是企业生产经营必不可少的，但很难为企业创造高价值，也难以成为企业竞争优势的来源。而无形资源具有良好的专用性，能为企业创造高价值，能够成为企业竞争优势的来源。

资源基础理论所关注的资源是能在企业竞争中发挥重要作用的异质性资源，它符合有价值、稀缺、不能完全被仿制、无法被替代四个特性。这些资源可以被称为"战略资源"。企业社会责任显然符合这些特征：第一，企业社会责任是有价值的，企业社会责任有助于企业内部形成企业文化与技能等新的资源与能力，也有助于企业与员工、政府及社区建立良好的关系，获得声誉资本，从而降低交易成本；第二，企业社会责任有利于企业形成稀缺资源，高水平的企业社会责任会吸引和培养高素质的人力资源，实践社会责任的同时将获得有效的组织流程管理模式与组织文化环境，而且企业对外形成的社会资本、品牌、声誉等都是稀缺资源；第三，企业社会责任形成的组织文化，包括价值观等都需要在特定条件下长期积淀形成，而且需要被组织中的个体感知，因此有其独特性，也很难被仿制；第四，实践企业社会责任过程中与利益相关方之间形成良好信任、合作关系属于一种关系资本，从本质上讲没有替代物。由此，基于资源基础理论，企业社会责任是一种战略资源，是企业竞争优势的来源。

第二节　企业社会责任研究主题

一、企业社会责任影响因素研究

影响企业社会责任的因素大致来自三个层面，一是消费者、公众、政府等企业的外部利益相关者，二是管理者认知、声誉、规模与经济能力等企业的常态因素，三是企业法律环境、国际贸易壁垒等外部制度环境。

（一）企业特征

1. 公司规模

大公司比小公司受到更多的公众关注，公司规模对社会责任信息披露有正向影响（Ernst，1978；Chow，1987；Purushothaman et al.，2000）。另外，企业规模通常表示成为公司的公众能见度。大公司往往更透明，也更容易受到不良反应，因此规模较大的公司更容易受到来自利益相关者团体的调查。王增涛和杨雪艳（2010）指出，在华跨国企业的销售额、利润额、资产额和员工人数均对跨国企业在华社会责任行为产生了积极影响。

2. 行业类型

具有高公众知名度，更重要的或潜在的环境影响力，或是公众形象不太有利的行业公司比他们的同行能透露更多的社会责任信息。针对不同的行业特征，企业社会责任的研究中可划分为"消费者接近"（Clarke & Gibson，1999；Campbell，2006）和"环境敏感"型（Patten，2002；Archel，2003）。

3. 财务杠杆

具有较高负债率的公司，要在年报中披露与债权人相关的信息，以维持资本结构的稳定性，降低资本成本。基于资本市场的观点认为，负债率越高的公司，股权资本越少，越容易集中于少数股东手中，导致企业的社会责任意识减少（McGuire，1988；Mitchell，1995）。

4. 公司治理

萨拉等（Zahra et al.，1993）研究发现公司内部管理层持股比例与企业社会责任正相关，公司外部董事的存在对公司在种族和性别方面的多样性有着积极的影响，由于外部董事既有非经济目标又有经济目的，因此能更好地平衡公司财务绩效和社会绩效的关系。理查德等（Richard et al.，1999）发现对公司管理层的有效激励和管理控制能够使公司对各种社会问题做出更有效率的回应，使公司具有更好的社会绩效，并建立了关于公司社会责任和公司治理的结构方程。戴维等（David et al.，2001）以英国8家大型企业的管理人员为调查对象，结果发现多数高层管理人员注重企业社会责任所带来的经济效益，想通过执行企业社会责任来提高企业的声誉。陈智和徐广成（2011）研究发现，公司治理因素是影响社会责任履行的主要因素，健全有效的内外部公司治理有助于企业社会责任的履行，企业社会责任也可以推动公司治理的有效改善和良性发展。谭宏琳等（2009）发现公司社会责任是影响公司绩效的原因，政府持股比、公司财务绩效以及公司规模均与公司社会责任负相关，独立董事比、高管持股比、资产负债比与公司社会责任没有显著相关性。张兆国等（2008）认为，要突破股东至上的公司治理模式，建立起一个能够让公司承担社会责任的公司治理机制，并从外部治理机制和内部治理机制两个方面提出了相关建议。

（二）外部因素

1. 制度因素

斯科特（Scott，2001）认为，制度是由规制、规范和文化认知三个层面的支柱要素所组成。布里克森等（Brickson et al.，2007）发现制度环境因素是促发或改变企业社会责任活动的重要影响因素。坎贝尔（Campbell，2006；2007）提出，在政府规制较为强势、非营利组织等对企业社会责任的监督更为明显的制度环境条件下，企业会体现出较好的社会责任绩效；在影响企业履行社会责任行为的因素中，政府规制列制度性因素的首位。而跨国公司在制度压力的影响下会进行企业社会责任管理方面的决策制定（Matten et al.，2008；Husted et al.，2006）。周钟胜等（2012）的研究表明，在政府对经济干预程度越低、法律环境越完善以及要素市场越发达的地区，企业的社会责任履行状况越好。因此必须完善相关的制度环境，为企业社会责任的履行提供外部的约束机制与内部的动力机制。郭洪涛（2012）建议建构有针对性的制度，在微观、中观、宏观层面通过内部促进机制、外部监督机制和竞争机制互相作用，共同促进企业履行社会责任。李彬等（2011）以制度理论为视角，通过对404家旅游企业高管的调研，对制度压力（规制、规范和认知）作为影响企业社会责任的重要前因变量开展了实证研究。结果表明，规范压力对企业的社会责任影响程度最大，认知压力次之，规制压力影响的统计结果不显著。政治关联在制度压力和企业社会责任之间起部分中介作用。沈奇泰松（2012）从组织社会学的新制度理论出发，应用案例数据、理论阐述和研究模型相互印证的探索式案例研究方法，通过5家企业的资料编码和分析归纳，讨论了企业外部制度环境、企业社会战略反应和企业社会绩效之间的内在驱动机制。郝云宏等（2012）按"制度环境—制度压力—企业行为"逻辑，着重分析了制度环境和制度压力对企业社会责任行为的作用机制，构建了合法性机制模型。

2. 消费者、公众、政府、媒体等

欧怀尔（O'Dwyer，2002）以爱尔兰上市公司为研究对象，发现公司所处社区、媒体、环境集团是其社会责任信息披露的外部压力的主要来源。坎贝尔（2007）发现，非政府组织、行业自律、国家管制等其他独立组织的监管行为及其他规范、制度环境都具有激发公司社会责任行为的作用。与政府存在关联的公司其社会责任信息披露水平较不存在关联的公司更高（Ying Z. L. et al.，2008）。企业在竞争激烈的市场环境中，不仅仅要靠产品质量获得竞争优势，也要依靠媒

体的力量进行传播，企业会因看重媒体而规范自身行为，尽可能地呈现出正面形象（Bloomfied & Wilks，2000；Stelios，2012）。通过大量网络媒体数据发现，媒体对企业社会责任信息的报道会影响消费者的选择（Rafeahand & Mohamad，2014）。陶莹和董大勇（2013）以 2008~2012 年部分被要求强制性披露社会责任报告的上市公司为研究样本，发现企业因媒体而受到公众的过多关注时，企业为呈现正面形象而对社会变得更加"慷慨"，从而履行更多的社会责任和披露更多的社会责任信息。安静和黄郡（2015）认为，媒体关注对社会责任信息披露质量具有改善作用，但其作用的发挥与媒体所处的环境有关。

二、企业社会责任动因研究

目前，关于企业社会责任驱动因素，或者说企业为何要向社会负责或不负责的理论研究非常少（Rowley & Berman，2000）。基于这个主题的研究，多数集中在分析企业社会责任与财务绩效的关系上（Walsh et al.，2003），并没有研究财务绩效对企业社会责任行为的影响上。代表性的研究是，通过多维度测量企业社会责任发现，企业财务绩效的提高与企业社会责任改进呈正相关关系（Waddock & Graves，1997）。不局限于单一因素，约瑟夫（Joseph，2001）提出企业社会责任由制度、道德和经济三个因素共同驱动，其中经济动因是最根本的内在动因。通过对美国、英国、荷兰、法国的 100 家公司调查发现，三种实施企业社会责任行为的动机：一是管理者自身注重企业社会责任行为；二是管理者认为这样能提高财务绩效；三是利益相关方向企业施压（Maignan & Ralston，2002）。随后，三区域方法（Three – Domain Approach）被提出，探讨促进企业社会责任实现的三个动因：经济、制度与道德，根据三个动因的不同强度，归纳出经济动因主导型、制度动因主导型、道德动因主导型和平衡型（Schwart et al.，2003）。现实中，三种因素虽然存在，但经济动因才是最根本的内在动因（Ella，2003）。企业社会责任探讨基本具有三个脉络：利益相关方导向、绩效导向与外在动机导向（Basu & Palazzo，2008）。穆勒和考尔克（Muller & Kolk，2010）认为，对企业社会行为的经济与道德驱动研究更适用于不发达国家或地区，内在驱动行为在低企业社会绩效的环境中尤其突出，因为这些国家或地区的外在压力比成熟的市场环境要低很多。

姜志华和沈奇泰松（2013）认为企业社会责任的经济动因、制度动因和伦理动因可以进一步界定为外部的动因和内部的动因。外部的动因主要是制度动因，是企业对外部制度因素的反应，称为"外部压力"；而内部的动因主要是经济动因和伦理动因，是企业基于经济利益和道德力量的主动行为，称为"内在驱动"。其问卷调查结果显示，企业慈善公益行为的最重要驱动力来自经济因素，其次是伦理因素；企业的环境保护行为、伦理动因和制度动因同样重要；企业在员工方面的社会责任行为更多的是经济因素的驱动，还有伦理因素。王敏（2014）通过实证研究发现，我国中小企业履行社会责任的外部驱动力主要来自政府政策及法律，而内部驱动力则主要来自企业价值观以及企业经济利益。尹珏林（2012）基于企业高管的调查问卷进行实证研究得出结论：现今中国企业的履责动因机制是合法性机制与效率机制共同发挥作用。陈美瑾（2017）将企业社会责任动因分为经济因素、制度因素和道德因素三类，将企业社会责任分为强制性、利他性和战略性三种类型，依据四个直销企业的自述与数据收集分析，结论如下：以制度因素为主要动因的 CSR 项目更符合强制性项目，以道德因素为主要动因的 CSR 项目多属于利他性项目，以经济因素为主要动因的 CSR 项目更容易实施战略性项目。国内外诸多研究结果显示，企业社会责任行为受多种内外部动因驱动，研究视角从企业外部相关者视角（政府、社会角度等）开始转向更加具体的企业组织层面（管理者等）。从我国现实情况来看，政府与社会一直主动地对企业提出要求与期望，企业是承担社会责任压力的直接主体，但缺乏话语权，履行企业社会责任的积极性不高。因此亟待开展企业自身视角的研究，充分理解与重视企业的需要。

三、企业社会责任绩效研究

近二十多年来，社会责任与企业绩效的关系一直是国外学术界和企业界关注的一个热点。特别是伍德1991年提出新的企业社会绩效模型后，在该框架下的实证研究发展迅速，文献中通常把这类问题称为企业社会绩效—财务绩效（CSP - CFP）关系。此研究领域存在三种主流观点：一是对社会负责任的企业的盈利能力最强，二是企业的财务绩效对企业的社会表现起推动作用，三是企业社会表现、财务绩效和企业声誉三者之间是相互影响的。其中尤以第一种观点最流行。

马戈利斯和沃尔什（Margolis & Walsh，2003）查看了109篇已发表且都采用企业社会责任作为解释变量的文章，有54篇研究文章都得出企业社会责任对公司财务绩效有积极影响的结论，其余是消极影响或者影响不显著。在一定范围内承担社会责任的行为能够增加企业的利润和提高公司的价值，不合法的和不承担社会责任的行为能够对企业绩效产生负效应（Homer H. Johnson，2003）。与此同时，也有部分学者认为两者之间应该是负相关的关系。他们认为，企业承担社会责任需要付出相应的成本，社会责任成本使企业在与不承担或少承担社会责任的企业的竞争中处于不利的财务状况。最具影响力与代表性的研究之一是，通过检验企业社会责任与财务绩效的关系，得出结论：以往研究将企业绩效归因于企业社会绩效以及若干控制变量来估计企业社会责任影响的实证模式是错误的，因为它不能控制研发投资，这已被证明是企业绩效的重要决定因素（Mcwilliams & Siegel，2000）。由此，他们用 KLD 作为企业社会绩效的评价，用企业的 1991～1996 年年度价值的平均值评价财务绩效，以财务绩效为因变量，以企业社会绩效、产业、研发投资作为自变量，最终发现企业社会责任对财务绩效的影响保持中立。巴尼特（Barnet，2007）也指出，以往研究简单地集中于两者之间，未能控制企业在研发方面的投入。弗拉莫尔（Flammer，2013）发现：第一，企业社会责任对企业业绩的边际影响是递减的，即对有着良好企业社会责任记录的企业股东大会通过企业社会责任提案这一行为对企业业绩的正面影响要小于履行企业社会责任比较差的企业通过该种提案所受到的影响；而且，随着企业履行社会责任程度的提高企业社会责任对企业业绩的影响随之下降。第二，企业社会显著的正相关性责任对企业业绩的影响受到非正式社会制度的制约。显然，企业社会责任与财务绩效之间呈非线性关系。

我国现有实证研究对企业承担社会责任的社会绩效进行了大量研究，例如企业社会责任履行与其市场反应、财务绩效、企业价值等的关系，但结论并不完全一致。基于利益相关者理论，杨熠和沈洪涛（2008）等较多学者的研究结果都支持企业社会责任与财务绩效之间的正相关关系。张兆国等（2013）也确认两者存在交互跨期影响。从企业社会责任对财务绩效的影响来看，履行社会责任对企业财务绩效的影响可能是一个渐进而滞后的过程。研究结果表明这个过程为一年，即只有滞后一期的社会责任对当期财务绩效有着显著的正向影响，而当期和滞后两期的社会责任对当期财务绩效却并没有产生显著影响。但部分学者的研究结论与此相反。朱乃平等（2014）发现，尽管企业承担社会责任能够促进自身的长期财务绩效，却不会对当期的财务绩效产生显著影响，甚至是负向影响，这与温素彬和方苑（2008）结论一致。他们还发现，技术创新投入调节能增强企业社会责任对企业长期财务绩效的积极影响，反过来企业社会责任也对技术创新投入与长期财务绩效的正向关系发挥显著的调节增强作用。陈可、李善同（2010）发现不同的社会责任对企业财务绩效存在不同影响，只有针对政府和慈善的社会责任才能产生直接的正向作用。

近三十年来，企业社会责任与企业绩效之间的关系通过实证检验在国内外不同研究中出现了正相关关系、负相关关系、不相关关系（中性）关系、非线性关系多种混合的，甚至是相互冲突的结果，不一致的研究结论可能部分地源于社会责任与财务绩效没有直接的相关性、研究方法与计量技术设计的差异、对财务绩效测量方法的不同、企业社会责任衡量方法的差异或者可能忽视了企业所处的社会情境差异，至今没有一个理论上严谨、方法上全面系统、具有内部有效性和外部有效性的统一的衡量方法（沈洪涛等，2007；李国平等，2014）。为了克服正向研究方法的缺陷，有些学者开始观察"对社会不负责任"（CSiR）的行为事件对公司财务业绩的影响。

四、企业社会责任信息披露研究

（一）披露内容研究

21 世纪以来，企业社会责任信息披露受到了更多的关注。经济合作与发展组织（OECD）发布的《跨国公司指南》在 2001 年进行了重大修订，主要变化是要求更多的透明度，其中包括对跨国公司披露社会和环境信息提供了一系列的原则和标准。2002 年 4 月，世界银行集团发起了一个针对发展中国家的强化企业社会责任的技术支持项目，其中一项就是报告企业的社会或环境业绩。法国政府在 2001 年颁布的《诺威尔经济管制条例》（Nouvelles Regulation Econoiques）中，要求所有在第一股票市场（Premier marche）上市的公司从 2002 年开始，在年度财务报告中必须披露劳工、健康与安全、环境、社会、人权、社区参与问题等信息。2002 年 1 月，中国证监会和国家经贸委联合制定并颁布了我国《上市公司治理准则》，该准则首次对我国上市公司的企业社会责任信息提出了明确的披露要求。2006 年，深圳证券交易所颁布了《深圳证券交易所上市公司社会责任指引》，在此之后，2008 年上海证券交易所发布了《上海证券交易所上市公司环境信息披露指引》，以上两部"指引"进一步对我国上市公司社会责任信息以及环境信息的披露作出了明确要求和规范。

目前，学术界较认同的社会责任报告模式主要有三种：第一种，利益相关者模式。此模式下公司分别就股东、债权人、职工、供应商、客户和消费者权益保护、环境保护与可持续发展、公共关系和社会公益事业等几个方面报告企业的社会责任。第二种，GRI 模式。由于非政府国际组织 GRI 所发布的《可持续报告发展指南》为社会责任披露提供了全面且可操作的参考框架，它将报告分成战略概括、管理流程和业绩三大类，而业绩则分为经济业绩、环境业绩和社会业绩。《中国社会责任报告编写指南》要求，企业报告主要分为报告前言、责任管理、市场绩效、社会绩效、环境绩效以及报告后记六个部分。第三种，其他模式。即除了上述两种模式之外，有些公司社会责任报告的结构可谓五花八门，没有固定的模式，且缺少设计上的科学性、表述上的清晰性和准确性。

美国的全国会计师协会（NAA）在 1974 年发表研究报告，认为企业社会责任信息的主要领域包括社区参与、人力资源、自然资源和环境、产品与服务四个大类，共包括 21 个小类。美国钢铁公司从 1905 年开始在年度报告中披露了雇员住所、建设社区等相关的社会责任信息（Hogner R. H. , 1982）；而 Broken Hill Proprietary Company Ltd.（澳大利亚最大的公司之一）自 1885 年开始，就已经断断续续地披露了人力资源和社区贡献方面的信息（Guthrie & Parker，1989）。格雷等（1995b）认为企业社会责任信息包括以下15个大类：环境问题类、消费者问题类、能源问题类、社区问题类、慈善和政治捐赠问题类、与雇员相关的数据类、养老金的数据类、向雇员咨询类、在南非的雇佣问题类、雇佣残疾人的问题类、增值表类、健康与安全类、雇佣持股计划类、其他的雇佣问题类、其他类。中国证券监督管理委员会颁布的《上市公司治理准则》第81条指出："上市公司应尊重银行及其他债权人、职工、消费者、供应商、社区等利益相关者的合法权利"；第86条指出："上市公司在保持公司持续发展、实现股东利益最大化的同时，应关注所在社区的福利、环境保护、公益事业等问题，重视公司的社会责任。"李正等（2007）认为企业社会责任信息的范畴包含6大类共17小类活动：环境问题类（污染控制、环境恢复、节约能源、废旧原料回收、有利于环保的产品、其他环境披露）、员工问题类（员工的健康和安全、培训员工、员工的业绩考核、失业员工的安置、员工其他福利）、社区问题类（考虑企业所在社区的利益）、一般社会问题类（考虑弱势群体的利益、关注犯罪或公共安全或教育等、公益或其他捐赠）、消费者类（产品质量提高）、其他类（例如考虑银行或债权人的利益）。

（二）披露的驱动因素研究

究竟哪些因素对企业的社会责任信息披露有重要影响，一直是学者们努力探求的问题。在已有研究中发现，从国家宏观层面例如一国法律、文化、政治与经济等因素到利益相关者层面包括社区服务、消费者、环境保护组织等，以及企业内部因素例如披露动机和公司特征（公司业绩、公司规模、公司财务风险等）都会在一定程度上影响企业社会责任信息的披露。

1. 外部环境

研究表明，当组织或者组织所在行业要面对环境污染、违反人权、法律诉讼等困境时，环境和社会信息披露的数量更多（Deegan & Colleagues，1996；1998；1999；Patten，1991；1992）。公司对这样的公众压力和负面的媒体关注的反应，增加了以自我赞美式为主的信息披露的数量，主要目的在于减少公司在社会和政治环境中的曝光（Patten，1992）。比如，针对特定行业，规模大的采掘企业披露了更多的社会和环境绩效、健康安全及道德等方面的信息（Jenkins & Yakovleva，2006）。而遵守信息披露法规是公司进行社会责任信息披露的主要原因之一（Mark J. Epstein & Martin Freedman，1994）。

2. 利益相关者

来自利益相关者对企业责任信息的需求也被认为是企业进行社会责任信息披露的外在驱动因素。该方面的研究主要来自于实证研究成果，例如：压力集团

（社区、政府、员工、消费者）是企业社会责任信息的主要使用者，他们都一致认为企业披露的企业社会责任信息严重不足（Caral，1994）。其中，顾客具有社会责任信息需求，他们希望了解企业员工待遇、环境影响和社会投入等问题（Gildea，1994）。而个人投资者需要比现在已提供的更多的公司社会责任信息（Epstein & Freedman，1994）。另外，立法者、定规者和利益相关者等也会影响企业社会责任信息披露（Roberts，1992）。越来越强大的非政府组织要求企业解释有关公平贸易、人权、工人权利、环境影响、财务健康及公司治理领域的政策（Simon Knox，2005）。

3. 公司特征

公司受外界压力的影响程度随着公司规模和媒体可见度（Cormier & Magnan 2003）、企业绩效（Hooghiemstra，2000）、公司的所有权和治理结构（Roberts，1992；Cullen & Christopher，2002；Cormier & Magnan，2003）而不同。在企业规模方面，帕藤（Patten，1991）以美国企业的年报为研究对象，证明了企业规模确实对社会责任信息披露水平有显著影响。另外企业社会责任信息披露动机方面，阿勒等（Aller et al.，2009）通过对全球最大的六家广告上市公司2004年的年报分析，发现相对于传统的财务报告，企业社会责任报告已日益重要，众多公司都将其看成是进行公共关系的重要战略工具。侯赛因（Hossain，2006）基于发展中国家的数据主要分析公司规模、行业特征、盈利水平、跨国公司海外分支数量和事务所五个变量对企业社会责任信息披露的影响，结果发现行业特征和盈利水平与信息披露水平成正相关的关系。

4. 制度压力

卡彭特等（Carpenter et al.，2001）开创性地将制度理论引入披露决策研究，分析制度性压力对地方政府对外财务报告政策的影响。埃尔斯等（Aerts et al.，2006）则将制度理论应用到更加微观层面的信息披露研究之中，验证了影响企业环境信息披露的行业内模仿行为的制度因素。运用制度理论对信息披露的研究刚刚开始，而正在兴起的企业环境信息披露则为这一范式的研究提供了难得契机。基于制度理论的企业环境信息披露研究将有助于揭示管理者在合法性压力和不确定性下的信息披露决策行为及制度化过程。

我国的相关研究中，起初阶段规范研究占绝大部分，囿于资料有限，实证研究起步较晚，沈洪涛（2006）、黎精明（2004），阳秋林（2005）等研究从企业社会责任信息披露的动因、内容、特点、方式等方面进行阐述。李正和向锐（2007）通过对上市公司年度报告进行了指数评分，发现我国企业的社会责任信息的披露水平在不同方面存在较大差别。马连福和赵颖（2007）发现公司绩效、行业属性及规模是影响我国上市公司社会责任信息披露的重要因素，而独立董事比例及董事长是否与总经理二职合一这两个公司治理结构变量对社会责任信息披露未表现出显著影响。沈洪涛（2007）认为，规模越大、盈利能力越好的公司越倾向于披露公司社会责任信息；公司财务杠杆和再融资需求不影响公司社会责任信息披露；包括上市地点和披露期间在内的披露环境对公司责任信息披露有显著影响。王士红（2016）通过实证分析，结果表明：高管团队女性比例对企业社会责任披露有显著的正向影响，而高管团队平均任职年限对企业社会责任披露有显著负向影响，高管团队的年龄、教育水平对企业社会责任影响不显著。在国有企业中，高管团队的女性比例、教育水平与企业社会责任披露的关系更显著，高管团队任职年限和平均年龄与企业社会责任披露有显著的正向与负向关系。沈洪涛和李余晓璐（2010）发现，披露环境信息的公司比例近3年有显著提高，披露环境信息已成为重污染行业上市公司普遍的做法；很少有公司完整地披露了环境信息的全部内容，披露正面的和难以验证的描述性信息较多，可能有负面影响的资源耗费以及污染物排放的信息则披露较少。沈洪涛和苏亮德（2012）以我国重污染行业上市公司年报中的环境信息披露为研究对象，结果表明企业环境信息披露存在同形性和模仿行为，且属于模仿其他企业平均水平的频率模仿，而不是模仿领先者。杨汉明和吴丹红（2015）研究显示，作为自愿性信息披露的我国企业社会责任信息披露存在着行为模仿、质量相似和设置机构相似的"同形"现象；强制压力、规范压力和模仿压力是影响我国企业社会责任信息披露意愿和质量的制度根源；制度压力影响我国企业社会责任信息披露的路径中，公司特征是制度压力作用于企业社会责任信息披露的中间媒介，表现了不同企业应对制度压力的容纳能力和处理能力。

第三节　企业社会责任研究总结

一、概念演进

企业社会责任概念的发展经历了漫长和多样化的阶段，其研究包含了广泛的观点和方法，这个趋势仍在持续中。尽管在不同历史发展时期人们对企业社会责任的认识不同，但可以认定这是一个概念不断深化和明晰的过程。基于概念演进视角对企业社会责任概念的回顾发现，它所蕴涵的基本原则是企业不应仅仅关心利润和经济绩效，也应该回应和满足社会对企业的多重期望；对于企业社会责任研究领域的状况，卡罗尔（1999）曾这样描绘："这是一个兼容的领域，有着宽泛的边界、多元化的成员、不同的学术背景、大量非集中的文献、多学科交叉的观点。"①

日本综合研究所在 2007 年曾指出，寻找"企业社会责任是什么"就是要重新审视"企业到底是什么"。长期以来，"股东至上"是各国《公司法》的基本原则，委托代理理论则是金融经济学关于公司的基本理论之一，而这两个理论也正是对企业社会责任表示异议的理论依据。2008 年金融危机以来，这两个理论已经受到了质疑（Denning，2012），甚至一些企业家们对"股东至上"原则的看法也开始从毫无保留地接受转变为有所怀疑（Martin，2010）。李伟阳（2010）着眼社会价值视角，立足现实企业和企业的现实运行过程来认识和理解企业的本质，通过借鉴马克思对人的本质的深刻揭示——"人的本质不是单个人所固有的抽象物，在其现实性上，它是一切社会关系的总和"②，可以将其表述为，企业本质不是单个企业所固有的抽象特征（如具有生产功能的营利组织），在着眼于企业的社会价值的现实性上，它应理解为通过为社会提供商品和服务与内嵌于商品和服务提供过程中的人与人的社会交往过程而增进社会福利的有效方式。

二、视角变迁

几十年来，学术界从伦理学、法学、社会学、政治学、经济学、管理学等角度就企业社会责任进行了大量的研究。从最初对企业社会责任的内涵研究到后期对企业社会责任概念的衍生及其影响因素、企业效应等方面，研究内容越来越丰富，也越来越深入。在"企业是否应该承担社会责任"这一问题上，企业应该承担社会责任成为了较为普遍接受的观点。但在除此之外的几乎所有其他相关问题上，都尚未出现普遍认可的观点或者结论。其原因如下：

一是研究视角不同。学者们借鉴多学科理论在探讨企业应该以及怎样从事社会责任活动时，尽管有学者深入探究了企业社会责任的内涵与外延，但支撑企业社会责任理论的内涵与外延界定仍然比较模糊，可操作性不强。特别是从企业外部的单一视角来研究，很可能演变为通过制度压力迫使企业承担企业社会责任，这种政策选择很难有可持续性。

二是研究对象不同。不同性质的企业社会责任内涵和边界并不相同，研究文献对核心概念的测量不一致，或者不严谨，这可能使得相同问题的研究结论并不一致。如果没有充分考虑行业背景，或者不同国情，在讨论不同性质企业的责任内容和衡量标准时，可能使得相同问题的研究结论并不一致。

三是研究重心不同。前期研究侧重于从企业外部探究企业社会责任的概念、

---

① Carroll A. B. Corporate social responsibility: evolution of a definitional construct [J]. Business & Society, 1999, 38 (3): 268-295.

② 李伟阳. 基于企业本质的企业社会责任边界研究 [J]. 中国工业经济, 2010 (9): 89-100.

原则以及结果，伍德提出"原则－过程－结果"的三维模型被广泛接受与采纳后，企业社会责任行为成为研究重点。相对于企业社会责任行为的原则与结果，过程的研究比较薄弱，比如驱动企业实施企业社会责任的直接动因、这些动因又受什么因素影响，等等，这些直接决定了企业社会责任行为的机理。

三、研究展望

以上对相关研究的分析表明，企业社会责任履行尚有许多问题值得深入讨论，未来相关研究需要关注以下三方面的问题：

第一，外部的政治经济制度与社会环境对企业社会责任内涵与内容的影响。企业社会责任概念演变的历史表明，人们对企业社会责任相关问题的认识与理解随着政治经济制度与社会环境的变化而变化。那么，政治经济制度与社会环境的变化是如何影响并决定着人们对企业社会责任基本问题的理解与认识的？未来的发展方向又将如何？

第二，全球化环境下的企业社会责任问题。过去几十年中，人们对于企业社会责任基本问题的理解与认识主要受国内政治经济制度与社会环境的影响。20世纪末开始，全球化的高速发展已经产生了重大影响，全球化的迅速发展与其带来的机遇和挑战已经影响到人们对企业社会责任的认识与理解（Scherer & Palazzo，2008）。那么，全球化如何影响了人们对企业社会责任的理解与认识？在全球化背景下，跨国公司应该承担什么样的社会责任？以什么方式在全球范围内承担社会责任？

第三，企业社会责任研究的具体化问题。企业所处的外部环境互不相同，不同性质的企业对社会的影响程度有很大差别，其承担的社会责任的内容、方式也应该不一样。因此，根据不同类型的企业实施具体性、过程性研究依然具有很大的创新空间。

第四章

我国会计师事务所的企业社会责任现状调研

第一节　三家会计师事务所企业社会责任实践调研

本书首次于 2012 年选取北京地区三家超大规模会计师事务所，即普华永道（中国）、毕马威华振（文中简称"毕马威"）与国富浩华（后改名瑞华）会计师事务所的企业社会责任具体实施情况展开调查，通过浏览官网、阅读企业责任报告以及与企业社会责任相关部门经理进行交流，了解企业社会责任现状，在此基础上展开后续实地调研与实证研究。

普华永道（中国）在全球官网与中国内地官网上均列示了"企业责任"（Corporate Responsibility）栏目，下设我们的现状、负责任的商业运营、环境管理、多元化与融合、社区参与、全球报告参与组织等事项。[①] 除详细解读其对企业社会责任的理解与目标外，还一一列示了其企业社会责任实践的重点、具体项目或计划，以及利益相关方对其社会责任的评价。普华永道在 2009 年、2010 年相继发布了企业社会责任相关出版物，2012 年 2 月，普华永道以"Creating shared value"为题第一次按照全球报告倡议组织（GRI）公布的 G3.1 框架披露了 2011 年企业责任报告（英文版），也第一次将台湾地区纳入报告的范围。该报告详细描述了普华永道社会责任战略的关键环节，提出了自己的核心价值观，并总结了 2011 财年的企业社会责任实践。2013 年与 2015 年首次按照 GRI 发布的 G4 框架中的核心指标以"营造社会信任"与"社会责任"为标题，发布中国大陆与香港社会责任报告（中文版）。

毕马威全球官网曾在"引领社会中的改变"（Leading Change in Our Society）下讨论了"企业公民"（Corporate Citizenship）概念，目前直接设置"Citizenship"栏目，分别列示了其对企业公民的理解、目标与各项实践活动，特别指出

[①] http：//www.pwccn.com/zh/about-us/corporate-responsibility.html.

其在全球倡导、参与以及取得的成果。① 毕马威中国官网直接采用"企业社会责任"的表述，下设"CSR"关注焦点、毕马威慈善基金、主要合作伙伴、全球绿色计划、企业社会责任报告等事项。② 毕马威中国继 2009 年发布第一份"CSR Review"后，2011 年 12 月 22 日发布了 2011 年毕马威中国第二份企业社会责任年报（英文版）"The gift of a sustainable future"，随后公布了报告的中文版本《可持续发展给未来的赠礼》。该报告展示了毕马威中国企业社会责任战略、核心价值和实践方式，还包括一些企业、政府及民间互动协作的真实案例以及将降低碳排放等环保理念融入日常工作的具体做法。2014 年以"发挥影响力，引领新变革"为题发布了 2013 年企业社会责任报告。

国富浩华官网曾在"企业文化"下的"价值观"中展示了"诚信、专业、责任、共赢"理念，并以"国家荣誉至上、公众利益至上、客户诉求至上"解读"责任"。同时，与"企业文化"并列表述了"企业责任"，"在努力提升服务水平的同时，国富浩华时刻保持着强烈的社会责任感，积极参与社会公益事业。"（目前瑞华官网在"关于我们"下的"致辞"中提及"诚信、专业、责任、创新"是瑞华的精神。③）

一、企业社会责任的理解与目标

普华永道的官网发布过对企业社会责任的理解：任何机构都不能在以牺牲运营所在社区或社会的基础上追求商业成功。公司的社会责任不仅仅是不做有害的事情，甚至也不仅仅是偶尔的善念。商业运营应该对社会有积极责任，通过适当的方式保持社会在可持续基础上的健康发展。普华永道的目标是：通过行为和行动，为客户以及员工创造出独特的普华永道精神，进而又能共同加强企业社会责任的行为和普华永道精神。通过促进资本市场的诚信，将员工培养成为负责任的商业和社会领袖；通过对所在的社区起到积极的影响作用和减少对环境的负面影响等方式，不仅展示了运营的社会合法性，而且使普华永道成为真正与众不同的公司。普华永道在 2012 年社会责任报告中指出："使企业责任成为商业运营的关键，不仅在于'做正确的事情'。我们需要支持那些能够促进经济发展，为社会创造价值和对环境带来积极改变的商业行为。我们的目标是将这种理念融入到企业文化之中，为员工和客户创造价值。"

毕马威提出"企业社会责任是什么？"的问题，并做出回答，"在毕马威，企业社会责任不仅仅意味着慈善事业或社区服务，而且作为一个平台，让我们的

①　https：//home. kpmg. com/xx/en/home/about/citizenship. html.

②　https：//home. kpmg. com/cn/zh/home/about/corporate-social-responsibility. html.

③　http：//www. rhcncpa. com/About.

员工持续参与做出贡献，推动公司事业的成功发展。"……"'负责任'的企业风范正日益成为一个合格企业公民乃至一个良性社会的必备要素，我们认为真正勇于担当的企业应把视野放得更远，而不应仅仅局限于应付眼前的挑战。毕马威努力将自己打造成为驱动变革的强劲力量，并竭力与利益相关方合作，群策群力，解决社会、经济与环境问题。"

国富浩华认为："会计师事务所作为中介组织担负着重大的社会责任，其信誉核心就在于执业质量。注册会计师提供的审计鉴证服务对于保障经济信息质量、促进市场资源有效配置都有着重要作用。如果不能正确履行其应承担的社会责任，这个行业必然丧失存在的基础，甚至直接危害正常的市场经济秩序。因此，必须树立和强化'以质量求信誉、以信誉求发展'的社会责任意识。"……"把行业市场环境的改善、贫富差距的减少、社会的和谐等作为企业可持续发展的基础，使企业社会责任与持续发展战略之间形成良性互动的关系，努力实现企业经济效益、员工利益和社会利益的多赢，在经济、社会和环境之间寻求负责任的平衡，不断深化以社会责任为导向的执业质量和诚信建设。"

不难发现，三家会计师事务所对企业社会责任的认识都非常正面，其中普华永道与毕马威的表达更为直接。首先，企业社会责任不仅是善念、慈善或公益，而是推动业务增长与公司可持续发展的重要因素；其次，企业社会责任需要全体员工的积极、持续参与，将其融入企业文化，帮助员工、客户及全社会的全面健康发展。此外，普华永道认为可以通过实践企业社会责任谋求差异化，"成为真正与众不同的公司"，毕马威立足长远，将驱动整个社会的良性发展作为使命，致力于成为"社会改变的引领者"，国富浩华倾向于将企业社会责任作为导向，深化执业质量与诚信建设，进而推动企业与行业发展。

二、企业社会责任的框架与实践

三家会计师事务所的企业社会责任目标框架如表4-1所示。

表4-1　　2013年普华永道、毕马威、国富浩华的企业社会责任目标框架

名称	框架	目标
普华永道	市场	◆ 促进公众将发展可持续的经济体系提上日程 ◆ 为公众提供可持续发展解决方案 ◆ 在商业领域鼓励企业责任理念
	员工	◆ 为员工的高效工作提供职业技能培训，投资于员工的培训及发展 ◆ 建立让员工引以为豪的包容、多元化的企业文化和企业价值观 ◆ 为员工创造健康、安全和拥有良好福利的工作环境

续表

名称	框架	目标
普华永道	环境	◆ 减少对环境造成的影响 ◆ 激励、培训和组织员工建立可持续性的工作环境 ◆ 提高客户和商业合作伙伴的可持续性意识 ◆ 使社区的环境更加具有可持续性
	社区	致力于促进员工生活和工作所在社区的改善，以志愿者、领导者和协调者的身份参与社区活动。主要通过企业捐赠和志愿者活动的方式积极支持运营所在的社区，重点放在利用员工的专业技能，帮助非营利组织与个人
毕马威	教育	教育是提升人们摆脱贫困的最有力工具。通过教育支持弱势青少年，发挥他们的潜能，实现理想。除参与筹款等经济资助外，还参加多个非政府组织的志愿服务
	灌能	凭借不同领域的专业技能与优势，参与、支持可持续解决社会问题的创新计划和非政府机构，倡导助人自助，改善身边周围人的生活
	环境	◆ 通过创新和运用专业知识帮助社会建设，保护中国环境 ◆ 以负责的态度工作，减少对地球的环境压力
国富浩华		健康、持续发展，把事务所做强、做大、做久
		以质量求信誉、以信誉求发展
		以人为本、创造和谐

资料来源：官网、企业社会责任报告、访谈资料等。

（一）普华永道企业社会责任的框架与实践

普华永道在企业社会责任总目标的基础上，制定了较为成熟的框架，包括市场、员工、环境、社区四个部分，同时细化了各部分的目标体系（见表 4 - 1）。总体来说，其企业社会责任的目标都致力于通过自身的知识与技能服务社会，近年的主要社会实践也反映出其在教育、环保、救灾等方面所作出的努力，旨在履行帮助全社会可持续发展的承诺。具体内容如下（该资料来源于普华永道官网与 2011 ~ 2015 财年 PWC CaTSH 企业社会责任报告）：

1. 市场框架的主要实践活动

（1）2010 ~ 2013 年作为中国绿色科技项目（the China Greentech Initiative）发起人之一，连续四年发布《中国绿色科技报告》（*The China Greentech Report*）；作为"中国绿色科技"的战略合作伙伴，致力于确定、开发和推广中国可持续的绿色技术解决方案，分享常规能源、水、可再生能源、交通、网络系统和绿色建筑六大科技领域的市场信息。

（2）作为企业社会责任亚洲社区投资圆桌会议的创始成员之一，致力于帮助该地区的公司推广企业社区投资最佳实践，2012 年 12 月，担任圆桌会议主席；作为联合国全球契约的签约企业之一，一贯坚持该契约在人权、劳工标准、反腐败及环境等方面的原则，每年普华永道全球成员网络机构会向联合国全球契约组织递交一份关于企业责任策略和进展的完整报告；2012 年 1 月，普华永道中国主办了 2012 年道德与合规官协会（ECOA）的亚洲研讨会；2015 年成为亚太经合组织（APEC）工商领导人峰会的知识伙伴。

（3）不断开发可持续发展与气候变化方面的业务，通过整合审计、咨询和税务领域的经验成立可持续发展与气候变化（S & CC）小组，能为客户提供与可持续发展相关的服务，帮助解决与可持续发展和气候变化相关的公司战略、运营、法律法规、声誉、财务以及报告等方面的相关问题以应对可持续发展的挑战。

（4）2013 年发布一系列有思想影响力的出版物，比如《中国反洗黑钱监管》《防止敏感信息落入不法之手——信息安全与数字保护》《中国投资指南》等。2105 年出版发布了《2016 年 CEO 展望》《全球工人调查报告》《实施综合报告》等出版物。

（5）2015 年与客户联合开发"总体影响力评估与管理"（TIMM）框架，帮助企业将企业社会责任融入日常商业运营中，根据对社会产生的正面或负面影响作出明智的业务决策。同时内部提供全球企业社会责任思维在线课程，推动员工将企业社会责任的机遇与挑战融入日常工作，帮助客户识别新的增值机会。

2. 员工框架的主要实践活动

（1）实施人才多样化与融合理念的本土化战略，在人才管理中增加企业责任和负责任领导的内容，校园招聘中增加社会责任的内容。

（2）关注员工的超时工作问题，强调并鼓励合伙人通过更高效的团队参与合作计划、经理员工沟通方案以及旺季的工作前移等方式，以减少项目管理中的低效问题。

（3）实施"员工关爱计划"（2004 年设立），旨在加强并支持关爱文化；每年举办最受员工欢迎的家庭日活动迎接农历新年。

（4）坚持实施员工赞赏和奖励计划，分享美好的赞赏经历，并通过小册子《我们重视你——工作场所中的认可》向员工表示感谢；2013 年实施员工赞赏与奖励计划（StAR），资深员工可向同事发放奖券，旨在培养积极回馈的文化。

（5）重视员工的健康，提供健康讲座、健康提示、流感疫苗接种、员工体检等活动；实施雇员支持计划（EAP），向所有员工及其直系亲属免费开放 24 小时咨询，包含心理、社会工作、管理等方面。

（6）2011～2015 年，员工培训及职业发展的时间均超过了 120 万小时，平均每名员工的培训时间大约为每年 103～119 小时。

（7）通过中长期计划不断增加新的合伙人，2011 年，新增 47 名合伙人，合伙人总数上升 9%；2012 年，新增 58 名，环比增加近 10%。

（8）实施了"全球移动计划（Global Mobility Programme）""培养负责的领导者计划（DRL）"等多个项目帮助员工成长为负责的领导，是强化自我发展计划的一部分。

（9）着重培养女性领导人，2013 年以"性别、年龄和领导力"为主题庆祝国际妇女节，同时帮助"千禧一代"女性规划生涯；2012～2014 年，女性合伙人占比 30%；2015 年，达到 31%。

（10）与南加州大学、伦敦商学院合作开展"千禧代"与"Y 一代"（1980～1995 年生）员工志向、工作方式与价值观等的调查研究，有助于提供多样化与融合的工作环境。

3. 环境框架主要实践活动

（1）加深对环境问题的理解，重点是测量温室气体排放，实施可行性强的减排计划，2011～2015 年，人均温室气体排放增幅由 2.81% 下降到 2.38%；同时通过环保举措持续提升员工环保意识与参与度；并将社区融入环保计划，鼓励更多环保举措。

（2）可持续发展指导小组就各种环境倡议与公司不同团队开展合作，提高能效、优化废品回收设施，进而降低碳排放；北京分所实施了办公室能源审计，寻求提高环境绩效的可能；2015 年的温室气体数据由专业鉴证人员作出特定限制审核；为了准确测量碳排放以便设定减排目标，2011 年开始，普华永道根据 WRI/WBCSD 温室气体盘查协定书在中国大陆、香港特别行政区、台湾地区及新加坡检测与管理碳足迹；照明节能和使用自动照明定时器、废品回收计划、双面打印以及用视频会议代替商务旅行等环保型政策和做法已实施超过五年；同时在办公室实施改善环境的空气与水的净化系统。

（3）每年举办环保周活动，通过与中国绿化基金会和香港渔农自然护理处等机构合作，开展了一系列的"普华永道志愿者林"活动，最后以参加世界自然基金会（WWF）发起的"地球一小时"活动落下帷幕，2015 年活动规模最大；派遣员工向世界自然基金会提供项目管理支持，并倡导更多的商业合作伙伴参与其中。

（4）2010 年与 2011 年，分别参与了全球最大的国际海滩清理志愿者活动；2012 年，99 名志愿者在两片海滩清理了大约 200 千克的垃圾。

（5）2012 年末设立"普华永道绿色思维基金"，经理及以上级别可以捐款，以中和其在差旅飞行中的碳排放；该基金用于志愿林项目，2015 年用于绿色电脑教室项目。

（6）鼓励员工计算自己的碳排量，通过内部购买碳信用方式参与四川省植树造林的项目。

（7）2015 年首次举办环保市集活动，参与者与供应商们一起品尝、了解和购买环保产品。

4. 社区框架的主要实践活动

（1）实施"非营利组织管理培训及导师计划"，旨在为非营利组织提供能力建设服务，涉及机构治理、报告透明度等多个方面；与包括春晖博爱儿童救助公益基金会、活力社区、TREATS、姚基金在内的多家非营利组织建立战略合作伙伴关系，专注于教育与能力建设两大主题。

（2）2011 年普华永道基金会捐款共 500 万港币，主要通过捐赠和志愿者服务相结合的方式支持 7 个主要的慈善合作伙伴；2015 年，基金会捐款总额超过 170 万美元。

（3）建立起内部志愿者系统，方便员工寻找和参与志愿者活动；在中国大陆及香港特别行政区发起了企业责任 Champion 网络，在公司内部传递企业责任信息，宣传志愿者活动；普华永道中国大陆、香港特别行政区及新加坡也启动了专业志愿者项目：让员工运用核心专业技能，比如举行财务知识讲座，项目管理和教授英语，参与到社区志愿者活动中。2012 年，共有 57 位志愿者利用他们的专业技能帮助非营利机构进行能力建设，比如为半边天基金会提供非营利机构能力建设的项目，为其提供了符合未来五年运作发展目标的战略性人力资源规划服务；2011～2015 年，普华永道中国大陆、香港特别行政区、新加坡及台湾地区的员工参与到志愿者项目的人数从 12% 上升到了 18%，2015 年 1644 人次参与了志愿者活动。

（4）2008 年和 2011 年的青海省玉树地震中，内部募集 100 万元人民币；2008 年的汶川地震后，普华永道全球网络募集 1150 万元人民币，其中 600 万元人民币来自中国大陆、香港特别行政区和新加坡。

（二）毕马威企业社会责任的框架与实践

在企业社会责任总目标的基础上，毕马威通常选择为非政府机构或慈善组织提供支持性服务，重点关注以教育（Education）、灌能（Empowerment）和环境（Environment）"3E 关注点"为宗旨的非营利发展项目（见表 4-1）。具体内容如下（该资料来源于毕马威中国官网 2011 财年与 2013 财年企业社会责任报告）：

1. 教育方面的主要实践活动

（1）2011 年财年，通过新长城项目，已帮助 540 余名学生实现了大学梦想。在过去两年内，共有 120 名学生通过新长城项目完成了学业。

（2）2010 年，在甘肃援建的两所小学和在云南援建的一所小学落成启用，毕马威志愿者每年 5～6 月、9～10 月定期回访，继续为学校的发展出谋划策，同时向学生讲授国际贸易、环境保护和社会价值观等课堂上学不到的知识。

（3）每年分四次派遣员工参加志愿服务，给予每名志愿者 5～7 天带薪假期。

2010 年 10 月起，已组织五次志愿活动，累计 70 余名员工参与，帮助农民工子女学习基本商业理论，邀请高中生体验商业社会运作以及为大学生毕业提供就业指导；2012～2013 年，共有 3600 人次参与了 30000 小时的志愿活动。

（4）通过"苗圃行动"再次向贫困中学生伸出援手；2013 年在北京、上海、成都建立了三个"梦想中心"，为流动人群的子女开设梦想课程，激发孩子们的灵感与创造力。

2. 灌能方面的主要实践活动

（1）截至 2008 年 5 月，共支持香港特别行政区 284 个社会企业项目，特别针对缺乏基本经营技术与能力的群体，包括为语言障碍人士提供就业的面点店以及为初为人母的妇女提供产后指导服务；2011 年、2013 年来自 169 个 NGO 的 277 人次接受了毕马威工作坊的培训，包括市场开发、风险管理与发展可持续竞争能力。

（2）企业社会责任团队与专业人员设计出一套基本的通用财务与管理会计知识框架，并免费向非政府组织与社会人员传授，目前，已有 50 余家非政府组织和社会企业近 300 人员参加了相关的技能培训。

（3）2013 年成为 GDHK（Global Dignity Hong Kong）领导级合作者，除提供资金支持外，动员 200 名来自北京、上海、成都与香港的员工参与志愿活动帮助来自 18 个中学的 2000 名学生；部分员工参加了"社会天使计划"，为香港社会企业家提供"一对一"的咨询服务。

（4）发挥专业特长，协助民间社会机构提高问责力、公信力，体现出毕马威对社会的承诺。2009～2010 财政年度，向非营利与非政府机构提供义务审计服务总计投入 11000 余小时。

3. 环境方面的主要实践活动

（1）2010 年，毕马威中国全职（全时当量）员工人均碳排放量在较 2007 年减少 19% 的基础上，承诺在 2015 年之前再减少 15% 碳排放量；2012 年，香港办公区的 40% 搬入经过 LEED 白金认证的综合办公室，有利于实现减排目标。

（2）开展倡导环保理念的"绿色生活"项目，显著提升商务差旅、可持续 IT 和节能办公的政策与标准，并向利益相关方普及绿色教育和环保知识，激励他们共行环保善举。

（3）积极吸纳和传播环保方面的先进经验和理念，鼓励公司合伙人共同营造最有利于环保的工作氛围。

（4）2010 年 5 月 17 日，毕马威与中国儿童少年基金会（CCTF）在地震重灾区四川省彭州市磁峰镇共同兴建的现代化社区中心正式启用。该中心 2009 年荣获"第六届中国人居典范建筑规划设计方案金奖"，2010 年展出于上海世博会的零碳馆内，已成为绿色建筑、可再生能源和资源利用以及防震技术运用的示范工程，有望成为中国农村地区建设教育、文化和娱乐社区中心的标杆。

（三）国富浩华企业社会责任的目标与实践

国富浩华制定了企业社会责任的具体目标（见表4-1），主要实践内容如下：

2010年3月，国富浩华为支持西南地区抗旱救灾捐款30万元。2010年4月20日，首席合伙人杨剑涛作为全国先进基层党组织代表，向玉树地区捐款20万元。国富浩华成为全国红军小学建设工程理事后，积极支持全国红军小学建设，深入开展结对帮扶、支教助学等活动，先后组织了受资助学生北京游、受资助同学座谈会等活动，两次组织员工对病重员工、贫困员工进行募捐资助，并参加了北京地区对口支援新疆和田地区的智力援疆项目，参与多次捐赠活动，累计捐赠额超过121万元。几年来，国富浩华已累计捐款近600万元，捐建希望小学4所，并持续资助16名贫困学生4年以上。

三、企业社会责任的管理与监督

（一）普华永道企业社会责任的管理与监督

普华永道企业责任委员会（Corporate Responsibility Committee）负责企业责任策略统筹，通过定期召开会议提供政策指导和考察项目进展，审查普华永道基金会（PWC Foundtion）与环境可持续发展团队（Environmental Sustainability Steering Group）企业社会责任项目的进展。

2006年，普华永道在香港成立基金会，通过该渠道募集到累计超过3000万元人民币的善款，惠及香港及中国大陆的50余家慈善组织。普华永道基金会由8名来自中国大陆、香港特别行政区和新加坡的合伙人组成，基金会的董事定期举行会议，监督基金会的策略、进展及资金使用状况。2008年，普华永道内部可持续发展项目的审计与咨询专家成立了环境可持续发展指导小组。小组领导普华永道在中国大陆、香港特别行政区和新加坡的可持续发展议程，并定期汇报给普华永道企业责任委员会。通过项目的实施，减少了普华永道在商业运营中的碳排放，创造了具有环境意识的企业文化。

（二）毕马威企业社会责任的管理与监督

毕马威是全球四大会计师事务所中唯——家把全球主席的办公地点设在中国的事务所，凸显了中国市场在毕马威全球发展战略中的重要地位。2008年2月，毕马威正式注册成立毕马威慈善基金，负责管理合伙人和员工的捐款，通过有条理和有组织的捐献，策略性地分配善款，重点关注"3E关注点"为宗旨的非营利发展项目。每年两次在毕马威管理委员会会议上审议和核准拨款，以整合员工、利益相关方和毕马威品牌的力量，达到事半功倍的效果。

毕马威中国的 13 家办公室均设有社会和环境关注行动组（Social and Environmental Action Team），由一名资深合伙人和多名员工志愿者组成。企业社会责任部门与行动组互相配合，收集意见，制订与落实当地的社区计划。行动组发掘资助机会与适合合作的社区组织后，向慈善基金委员会提交方案。对参与的员工来说，他们在信息技术、审计、咨询、办公室行政管理等各方面的才能被有效地运用到各类公益项目中，也培养了各类软技能。同时对于认同公司的企业文化很有裨益，因为这是各部门、各级别员工之间以及毕马威与利益相关方深入交流的极佳平台。

四、企业社会责任中的利益相关者行动

按照契约理论，企业是利益相关者之间缔结的一系列契约的载体。会计师事务所在为社会创造财富的同时，积极履行社会责任，在满足员工、客户、公众团体、政府等内外部利益相关者的各种诉求的基础上，构建长期稳固的良好关系，以便获得利益相关者从各自立场出发的有效支持，以此维护与提高会计师事务所的声誉，创建自身的品牌效应，构建独有的或独享的社会资本，进而形成竞争优势。

（一）普华永道采取的利益相关者行动

2011 年，普华永道第一次启动了一定规模的利益相关者对话"聆听利益相关者的声音"，通过对话会议、问卷调查以及一对一访谈的方式来识别最重要的内部与外部利益相关者，然后根据结果筛选出每组利益相关者最关心的三类问题，并建立重要性指数。这种开放式对话的主要目的在于了解各界对公司社会责任的期望，以此与利益相关者之间建立互信、透明的关系，提升公司履行企业社会责任的价值。2012 年，普华永道将纳入更多的利益相关者来讨论公司的企业社会责任计划，其中特别提到了政府机构，并承诺将利益相关者的建设性对话常态化。

对于会计服务业，最重要的内部相关者无疑是员工。2011 年企业社会责任报告第 22 页强调："吸引与留住这个领域最好、最聪明的人才被优先列入合伙人与员工对话中，而且这也是普华永道的主要目标。"通过工作、培训、健康、福利等多个计划支持不同年龄层、不同性别的员工，为他们创造更多的机会以发挥其最大潜能。截至 2011 财年，普华永道大中华区共有员工 13775 人，其中合伙人 583 人。近年来，普华永道在中国大陆及香港地区每年招聘约 2000 名大学毕业生及 800 名左右有工作经验的人才；每年为 200 ~ 300 名中国大陆、香港及澳门地区的员工提供海外培训的机会；在中国每年新提升的合伙人中 80% 以上都是大陆居民。

针对重要外部利益相关者——客户，普华永道倡导依照《全球企业公民行为守则》与最高的道德标准提供专业服务，同时采取多种渠道调查客户的满意程

度。2008 年，普华成立了可持续发展及气候变化服务部；2010 年，普华永道成立了私募基金服务小组，努力为客户提供可持续发展解决方案，这些业务领域的及时调整满足了客户对于相关服务的迫切需求。2008 年，普华永道成为中国绿色科技（CGTI）项目的发起人之一与战略合作伙伴。目前该项目已经迅速成长为唯一的、超过 100 家商业与政策研究机构参与的中国与国际间的合作平台，旨在为中国发掘、推动和提升绿色科技的解决方案。

同时，普华永道多次应中国政府机构的邀请，参与《中国企业会计准则》《中华人民共和国企业所得税法》等相关法律、法规的制定、修订工作，其合伙人多次被证监会发行审核委员会、中国注册会计师协会专业技术咨询委员会等监管机构委任为专家小组成员，协助组织召开每年一次的上海市市长国际企业家咨询会议，每两年一次的北京市市长国际企业家顾问会议。通过协助政府机构出台相关法律、法规，为地方发展提供意见与咨询，普华永道拓展了多个领域的话语权。

（二）毕马威采取的利益相关者行动

毕马威通过各种途径使利益相关方能够参与企业社会责任实践，并对他们最为关注的问题进行了解。在毕马威中国 2010 年度利益相关方调查报告中，高水平的审计服务、执业道德、员工待遇、负责人的专业服务精神、良好的公司治理成为中国利益相关方关注的前五大问题。毕马威就这些问题作为切入点进行沟通，不仅有效调动了利益相关方参与的积极性，增强了彼此之间的凝聚力，而且有利于企业确定未来的发展方向，赢得更多的竞争优势。同时，毕马威通过各种渠道持续地向员工及合伙人宣传企业社会责任战略，这些渠道包括合伙人年度会议、毕马威慈善基金管理委员会会议、员工关怀计划、公司宣传品、员工入职培训、业务技能培训、员工志愿者活动、员工调查及公司的内部与外部网站等。

毕马威中国主席称"员工是毕马威最宝贵的财富"，2011 年企业社会责任报告第 43 页写道，"毕马威不仅努力维护市场竞争优势，在人事政策上，我们也在不断寻求新的方式挖掘专业人才的全部潜能，激发他们的积极性与创造力，帮助他们超越自己并最终成长起来。"截至 2011 年 11 月，毕马威中国员工总数已接近 9000 名，人员的增长意味着需要在吸引、培养和保留人才方面做到最好，目前主要通过三方面吸引人才：一是重视校园招聘活动，不仅通过实习、校园宣讲、义工活动及社交媒体等形式公开招聘大学毕业生，并且以"理想雇主"的标准严格要求自身，竭力为员工提供优厚的福利待遇和广阔的发展舞台；二是为每一位新员工提供全面、细致的入职培训，帮助他们尽快适应全新的工作环境；三是采用多种途径促进员工职业发展，比如：毕马威商学院、全球及全国人才交流计划、职业调配轮换计划、管理层发展及培训计划，2010～2011 年期间，约 70 名和 400 名专业人员分别参与了全国人才交流计划和职业调配轮换计划，逾 150

名员工参与了本土和境外的调派计划；四是激发员工工作热忱的同时，倡导健康、协调的生活理念，帮助员工正确认识和处理工作与生活之间的关系，例如：my life 计划、员工关怀计划以及弹性工作安排等。

毕马威已将包容不同文化的能力作为企业的核心竞争力，倡导员工追求全球化视野的同时，鼓励他们尊重和包容各地区的差异性与多样性。为了配合国际多元化的努力，毕马威创建了"全球多元化"团队，旨在充分挖掘每个人所蕴含的独特价值，打造一个更具包容力的工作环境。团队特别为女性员工、持有适当才能的残疾人士等提供更广阔的成长空间。截至 2011 年 11 月，毕马威中国男性与女性员工分别占比 39% 和 61%，男性与女性合伙人占比为 66% 和 34%。同时，购入 GlobalSmart 的全球使用权，员工可以通过在线学习工具了解到如何编制出更具文化特色的业务建议书和宣传品、如何组建跨境审计团队以及如何构筑跨境客户关系网络，从而提升工作效率和服务质量。

对于外部利益相关方，毕马威借助业务咨询、研讨会、访谈与社区活动等形式积极与客户、非政府组织和各类媒体广泛、深入地进行企业社会责任方面的交流与互动。在复杂度与依存度不断上升的市场环境中，毕马威采取稳健、清晰的市场战略，全部培训、流程、系统与控制均服务于为客户提供值得信赖的客观、独立的审计意见与咨询建议的目标，确保职业诚信与道德准则，努力提升专业服务质量，立足于自身的长远发展，同时兼顾利益相关方的切身利益。毕马威开发并推出了一套全球成员所必须执行的新审计质量框架，持续为客户提供适当、稳妥、独立的专业意见。同时，制定了一套接纳与维持客户关系及决定是否承接特定业务的严格政策和流程。2011 年 4 月，毕马威正式成立气候变化与可持续发展全球卓越中心，在所有成员所之间实现研究报告、知识管理与客户资源的共享与交换。2009～2012 年，毕马威多个合伙人与杭州、南京、厦门、四川德阳、山东、深圳、上海、海南等政府部门沟通交流，不断拓展双方多领域合作的广度和深度，并与国资委、国家发改委、财政部、保监会等部委讨论相关事宜。2012 年 2～4 月，毕马威中国主席分别与福建、广东、上海等省市领导会晤，讨论加深合作、助力地方经济发展的具体行动。2012 年，毕马威瑞士、澳洲合伙人分别拜访中国澳洲领事馆与瑞士大使馆，表示愿意为有意向、有兴趣赴当地投资的中国企业提供专业化咨询服务。

（三）国富浩华采取的利益相关者行动

国富浩华定期召开内部的各类会议，包括合伙人会议、周例会、半年度工作会等形式，向合伙人传达事务所的发展、经营、财务等各方面的情况；定期举办内部培训会、工作交流会、拓展、文化、体育、娱乐等丰富多彩的活动，以业务为载体，以文化为导向，积极推动事务所内部的全面交流。对待员工，主要考虑是否加班、加班工资如何结算、五险一金的发放到位程度、员工的晋升机会等。

2012 年 11 月，国富浩华与北京大学合作举办 EMBA 高级研修班，这是实施"人才强所"战略的重要举措，以此打造领军人才队伍，为实现五年发展规划奠定人才基础。针对外部利益相关者——客户，尊重并保守客户的信息，在合法基础上为客户提供利益最大化；对于其他利益相关方，遵守政府相关法律法规制度，依法纳税，与其他会计师事务所保持良性竞争的关系，积极参与社会公益事业等。国富浩华主要通过定期举办外部专业论坛、峰会、培训会、展览等专业活动，以加强与各监管机构、业界同人、审计客户、各分所之间的定期沟通交流。此外，定期向相关监管机构进行工作汇报，接受各方面的监督检查，提高社会责任意识。另外，国富浩华与《中国会计报》《中国财经报》《新浪财经》《新财富》杂志社等新闻媒体，建立了良好的媒体沟通渠道。舆论监督能在一定程度上引导公众的关注焦点与会计师事务所的自律行为。

　　显而易见，普华永道、毕马威与国富浩华近些年在履行企业社会责任方面投入的精力与财力显著增加。普华永道与毕马威通过不断拓展对企业社会责任的认知，已经建构起企业社会责任的成熟框架，并以企业社会责任战略的高度开始实施常态化的企业社会责任管理。国富浩华一直重视企业社会责任，但是以隐性的企业文化形式展现。目前，对企业社会责任的认识已经克服了早期的狭隘理解，开始关注企业社会责任与持续发展战略之间的良性互动关系。但与普华永道与毕马威相比，没有明确具体的目标，也未单独组建独立的企业社会责任部门，缺乏内外部评价及其反馈。从具体实践活动来看，普华永道早期多采取以目标为导向的计划与活动来实施，目前与毕马威类似，更多地选择一些立竿见影、针对性强、富于新意、贴近社区，并且具备可持续发展潜力空间的综合性项目，以项目为载体，发挥纽带与桥梁的作用，最大限度地使利益相关方参与到企业社会责任的实践中来。国富浩华选择积极参与社会公益事业，前期集中于临时的、以突发事件为主的救灾济困的捐助活动，近期已有意识选择与公益组织合作，但还未将企业战略管理与企业社会责任有机融合。不难发现，普华永道与毕马威是通过一系列针对利益相关者的活动，不断强化其行业及地区的地位及号召力，积极参与有利于自身的行业竞争规则以及相关法规法则的制定或改变；同时将企业社会责任文化与企业文化相融合，建立与发展学习、创新型组织，致力于吸纳、维系高素质的领军人才，构筑自身的可持续竞争力。

第二节　会计师事务所企业社会责任报告的内容分析

一、普华永道会计师事务所社会责任信息披露

普华永道在全球和中国官网上均设有企业社会责任一栏，出版中国绿色科技

报告和普华永道环保原则指南，列示普华永道数年的社会责任报告。从表 4 - 2 可以看出，普华永道企业社会责任报告的结构主要分为市场、员工、社区和环境四个部分，从这三份报告不难看出，其主要社会实践反映出其在教育、环保、救灾等方面所作出的努力，旨在履行帮助全社会可持续发展的承诺。值得注意的是，在 2013 年的社会责任报告中还对报告的方法进行了说明，通过利益相关方的参与反馈来确定其社会责任问题，充分反映出与利益相关方的互动交流。普华永道的社会责任战略日渐成熟，这在一定程度依赖于其社会责任治理策略和制度的完善，企业责任委员会、普华永道基金、环境可持续发展指导小组、普华永道全球企业责任委员会等对其社会责任行为进行管理与监督。

表 4 - 2　　　　普华永道 2011 ~ 2013 年企业社会责任报告主要内容

项目	内容	2011 年	2012 年	2013 年
框架		市场—员工—社区—环境	负责任的商业运营—员工—社区参与—环境管理	概况—社会责任表现与战略—内部治理—市场—员工—社区—环境
主要议题	市场	提高企业责任报告质量、继续在企业责任和商业战略上履行相应的联合国全球企业原则	谈论事务所服务在可持续性发展方面可能存在的风险、展现事务所内部企业责任成果	学习思想领导议题、向员工提供与客户相关的企业责任技能培训、持续报道追求工作质量与遵守道德规范的方式
	员工	为人才管理项目开展企业责任相关活动、支持员工福利项目、在校园招聘中持续融入企业责任	支持多样化与融合理念的本土化、在人才管理中增加企业责任的内容、持续支持员工福利举措、在校园招聘中持续融入企业责任	支持多样化与融合理念重心的本土化、帮助员工增强多样化和融合理念的技能和领导力
	社区	志愿者参与率达 20%、正式启动专业志愿者项目、持续为公益慈善合作伙伴提供支持（包括专业性服务）	志愿者参与率达到 20%、突出社区参与的重点：专业志愿服务和能力建设	志愿者参与率达到 20%、继续将重点放在能力建设和专业志愿服务上
	环境	采取措施降低碳排放、鼓励员工参与、开发新的环保项目	实施可行性强的减排计划、提升员工环保意识和参与度、将社区融入环保计划	重点放在碳排放监控和报告上、提高在环境管理的意识和参与度

项目	内容	2011 年	2012 年	2013 年
KPI		员工（总数、招募数与培训时数）、环境（人均碳排放量变化）、社区（捐赠额度、志愿服务时数）	员工（总数、招募数与培训时数）、环境（人均碳排放量变化、用电/纸量、植树数量）、社区（捐赠额度、志愿服务时数）	员工（总数、招募数与培训时数）、环境（人均碳排放量变化、用电/纸量、植树数量）、社区（捐赠额度、志愿服务时数）

资料来源：普华永道 2011～2013 年企业社会责任报告。

二、毕马威会计师事务所社会责任信息披露

毕马威在 1945 年首次进入中国香港，在 1992 年进入中国内地，是"四大"国际所中的第一家。作为全球最大的专业服务机构之一，毕马威提供审计、咨询和税务三大主营业务。毕马威从 2009 年开始进行社会责任信息披露，其在全球官网与中国官网都有"企业责任"栏目，内容不仅涉及毕马威对社会责任的理解，也列示了毕马威社会责任关注的焦点、全球绿色计划和社会责任报告等。毕马威从 2009 年开始发布社会责任报告，在内容上，报告逐年增加了利益相关者的回应、毕马威对未来挑战的认识等内容。最新发布的 2015 年"毕马威中国助力社区发展"社会责任报告更加具体展示了毕马威企业社会责任战略、核心价值和实践方式，还包括企业、政府及民间互动协作的真实案例。毕马威的社会责任战略的实践重点一直围绕"3Es 关注点"即教育、潜能与环境展开，在 2015 年社会责任报告中，毕马威针对其社会责任重点领域推出了一系列可持续发展计划，毕马威社会责任架构逐渐走向成熟（见表4－3）。且其将"助力社区发展"作为报告主题，说明企业社会责任已经成为其核心文化。

表 4－3　　　　　　毕马威 2009～2015 年企业社会责任报告主要内容

内容	2009 年	2011 年	2013 年	2015 年
结构	社会责任的背景—毕马威中国的企业社会责任—员工参与者的回应—未来的机遇与挑战	社会责任的背景—毕马威中国的企业社会责任—利益相关者的回应—未来的机遇与挑战	社会责任的背景—毕马威国际和中国的企业社会责任—利益相关者的回应—未来的机遇与挑战	3E 关注点—企业社会责任重点项目—慈善筹款赛事—紧急救援

续表

内容	2009 年	2011 年	2013 年	2015 年
主要议题（3E 关注点）	教育：未来在他们手中 灌能：未来在我们手中 环境：未来就在目前	教育：授人以渔 灌能：助人自助 环境：持续发展	教育：为贫困生提供全面教育的机会 灌能：促进青年之间的对话交流 环境：宣传环保意识，提高全球管理意识	教育：终身学习 灌能：促进包容性发展、共融与多元化 环境：提升可持续发展能力
KPI	慈善基金捐赠额度、全球绿色计划（人均碳排放量降低率、用纸量）、义务服务时数	慈善基金捐赠额度、义务审计服务时数、碳足迹（人均碳排放量降低率、用纸量）、市场份额占比、员工培养数	全球绿色计划（人均碳排放量降低率、用水量）、义务服务时数、慈善基金捐赠额度、义务审计服务时数、员工培训时数	人均碳排放量降低率、资助病人人数、义务服务时数、慈善基金捐赠额度、义务审计服务时数、员工培训时数、资助/支教学生人数

资料来源：毕马威 2009～2015 年企业社会责任报告。

三、德勤会计师事务所社会责任信息披露研究

德勤在全球和中国官网上均设有企业社会责任一栏，并且列示了德勤公益基金会向社区等提供的服务与活动，还列示了 2010 年和 2012 年企业社会责任报告。德勤在 2008 年发布了德勤中国社会服务报告，其社会责任的内容主要集中在社区各行业的教育、灾难援助与志愿者活动等方面。2010 年德勤正式发布了首份社会责任报告，社会责任报告的内容更加全面完善。从表 4-4 可以看出，德勤的社会责任框架逐渐走向成熟，分为市场、员工、社区和环境四个模块，在 2012 年增加了绩效模块，对其社会责任战略成果进行量化分析。从其在员工、社区、环境等方面的绩效指标数据可以看出，德勤的社会责任践行起到了一定的成效。

表 4 - 4　　　　　　　　　德勤 2008 ~ 2012 年企业社会责任主要内容

项目	内容	2008 年	2010 年	2012 年
框架		教育—灾难援助—志愿者活动—可持续发展—环境管理—利益相关方的回应	德勤中国的概况与市场—员工—环境—社区	市场—人才—环境—社区—绩效
主要议题	市场	利用专业团队的核心能力协助客户和社区、环境的可持续发展	设定道德与合规战略及要务、增进与利益相关方的互动交流	重新定义有效的企业治理、提高公共服务的质量、参加倡议重大商务议题、推动可持续发展
	员工		开发人才渠道、提供职业安全与健康的工作环境	强调员工参与社区与环境服务，德勤中国全国爱心日构建卓越团队、高层支持与基层参与
	社区		为社区提供经济援助、志愿服务和专业服务等	注重员工参与志愿服务与公益专业服务，为可持续发展的环境和包容性社会进步提供支持
	环境		实现碳中和目标	需要高层支持和基层参与、设定有挑战性的目标、抵制"碳中和"的诱惑
KPI		员工人数与培训人数、志愿和专业服务时数、捐赠额	员工数与反馈率、环境（人均碳排放量变化、用电/纸量）、社区（投资额、志愿服务时数）	绩效指数：员工（总数、招募数与培训时数）、社区（投资额、志愿和专业服务时数）、环境（人均碳排放量变化、碳减排目标、用电/纸量）

资料来源：德勤 2008 ~ 2012 年企业社会责任报告。

　　从以上三家会计师事务所企业社会责任报告的内容分析来看，这三家国际会计师事务所的社会责任战略逐渐趋于完善和成熟，也显示出企业对社会责任的重视程度，披露企业社会责任越来越成为优秀企业的象征之一。随着企业外部环境的改变，企业必须慎重考虑企业发展与社会的关系，注重与企业利益相关方的互动与回应，从而越来越重视企业社会责任的践行与信息披露。

四、会计师事务所 KPI 指标比较

根据表 4-5 对三个会计师事务所 CSR 框架和责任指标的采集，我们可以看出责任指标只反映了员工、环境、社区三方面的绩效，经济指标有所缺失，其属于企业基本责任，但 CSR 指标体系未予反映。

表 4-5   会计师事务所的 KPI 指标

普华永道	德勤	毕马威
负责任的商业运营		
年度合规性		
多元化与融合	德勤员工总数	员工
合伙人	按级别：合伙人和总监、经理、员工	员工总数
员工总数	按工作性质：合伙人和总监、专业人员、行政人员	员工男女比例
女性合伙人	招募员工总数	参与培训人数
新加入的女性合伙人	按级别：经验人士，毕业生、实习生	提供培训总时间
"我愿意推荐普华永道为理想的工作场所"	全职员工平均接受培训时间	参与人员调动计划人数
"我为能在普华永道工作而骄傲"	参与调动项目的员工	人均培训时间
员工及合伙人的培训及职业发展时间		
人均培训时间		
环境管理	温室气体排放总量	环境管理
用电量	按来源	碳排放量（飞机出差、汽车出差、用电、供暖及冷气）
差旅飞行	用电	用纸碳排放量
纸张购买	飞机差旅	人均碳排放量
"我对普华永道降低商业运营对环境产生影响的举措感到满意"	酒店住宿	

续表

普华永道	德勤	毕马威
	购电总量	
	耗用纸张	
	再循环纸张	
	再循环铝罐	
	再循环塑料	
	再循环打印墨粉	
社区参与	社区投资总额	社区服务
慈善捐赠－员工和合伙人	事务所资金捐赠	义务审计时数
慈善捐赠－普华永道	员工资金捐赠	慈善捐赠总额
志愿者人数	用于志愿服务或公益事业	参与志愿服务人数
志愿服务参与度	传统志愿服务	义务服务时数
服务时间	技术性的志愿服务	受助人数
专业志愿者人数	公益专业服务	
专业志愿者服务时间		
"我对普华永道履行社会责任的行为感到满意"		

注：表格内容来源于三个会计师事务所官网。

从员工的责任指标和框架比较来看，会计师事务所主要关注人员构成和培训发展，但是对员工的福利待遇和人才流失率（特别是中高级人才的流失率）等其他方面没有披露。据不完全调查，员工经常遇到诸如待遇难以匹配高强度的加班加点；每年人才特别是中高级人才的流失率大；工作中会遇到不被客户尊重等一系列的问题，人才作为会计师事务所的重大战略之一，会计师事务所企业社会责任指标体系应对员工指标建设加强重视。从环境来看，为响应近年来全球的"碳排放"计划和我国 2013 年开始实施生态文明建设政策，会计师事务所在环境上面主要的措施体现在绿色出行、绿色办公、节约纸张上面，德勤还实施了循环利用的措施。

从社区上面来看，会计师事务所除了具备一般的慈善活动、志愿服务、关注弱势群体等一系列基本指标，同时其作为专业性强的服务业，还会帮助非营利组织等其他社区企业做义务审计。

五、会计师事务所利益相关方识别

以普华永道为例，其企业社会责任报告中特别披露了利益相关者分类与重大问题识别。依据表4-6与表4-7，可以识别出会计师事务所的利益相关者为客户、注册会计师监管、媒体、非营利组织、员工、和合伙人以及供应商，进而大致归纳出经济动机对应的关键利益相关者是客户、合伙人、供应商；组织合法性动机对应的关键利益相关者是注册会计师监管机构、媒体、非营利组织；道德伦理对应的关键利益相关者为媒体、非营利组织、员工和合伙人。其中，对利益相关者主要议题的调查发现，"员工安全和福利""人才吸引和保留""保持最高道德标准""培训和发展"分别对应注册会计师监管机制、合伙人和员工。

表4-6　　　　　　　　　普华永道利益相关方识别

利益相关方分类	参与原因
客户	客户对我们的成功至关重要，他们对我们的企业责任表现和市场的影响感兴趣
注册会计师监管机构	了解行业监管者的关注重点，以及他们对从业者/机构的期望对于我们来说非常重要
媒体	媒体对大型公司的企业责任内容感兴趣，并有能力影响企业责任本身
非营利组织	与非营利组织的对话和合作有利于我们了解当地社区的需求，便于我们寻求最佳解决方案
员工和合伙人	作为一家以服务为导向的公司，听取员工的声音对我们非常重要。员工之间及与我们的客户和社区之间实现了密切互动。与员工的对话能保证企业责任策略重点的落实
供应商	供应商愈发注重的价值链管理对其客户的企业责任的影响至关重要

注：表格资料来源于 PWC 的社会责任报告。

表4-7　　　　　　普华永道利益相关方确定的五大重要性问题列表

利益相关方	五大重要性问题	企业内部	企业外部	单元
客户	数据安全	●	●	负责任的商业运营
	保持最高的道德标准	●		负责任的商业运营
	报告的透明度		●	

续表

利益相关方	五大重要性问题	企业内部	企业外部	单元
客户	在资本市场和公民社会中建立信任		●	负责任的商业运营
	将可持续发展融入到客户服务中	●		负责任的商业运营
	企业责任战略和目标，包括社区和环境	●		责任表现
注册会计师监管机构	员工安全和福利	●		
	在资本市场和公民社会中建立信任		●	负责任的商业运营
	人才吸引和保留	●		多样化和融合
	保持最高的道德标准	●	●	负责任的商业运营
	企业责任报告		●	
	培训和发展	●		
媒体	企业责任战略和目标，包括社区和环境	●		责任表现
	保持最高的道德标准	●	●	负责任的商业运营
	反腐败反贿赂措施	●	●	负责任的商业运营
	数据安全	●	●	负责任的商业运营
	在资本市场和公民社会中建立信任		●	负责任的商业运营
非营利组织	员工参与企业社会责任	●		社区参与
	慈善捐赠		●	社区参与
	为非营利组织提供无偿或低价服务	●	●	社区参与
	企业责任战略和目标，包括社区和环境	●		责任表现
	专业志愿服务	●	●	社区参与
员工和合伙人	员工安全和福利	●		
	人才吸引和保留	●		多样化与融合
	保持最高的道德标准	●	●	负责任的商业运营
	培训和发展	●		
	纸张消耗	●		环境管理
供应商	数据安全		●	负责任的商业运营
	保持最高的道德标准	●	●	负责任的商业运营
	反腐败反贿赂措施	●	●	负责任的商业运营
	企业责任战略和目标，包括社区和环境	●		责任表现
	客户和供应商满意度		●	

注：表格资料来源于 PWC 的社会责任报告。

第三节　我国会计师事务所企业社会责任信息的描述性统计

一、样本选择与数据来源

作为非上市企业，我国会计师事务所对外披露的企业社会责任信息量有限，多数的中小事务所披露极少或是没有披露社会责任信息。截至 2016 年 12 月 31 日，根据不完全统计，正式披露过社会企业责任信息报告的会计师事务所只有三家。笔者在 2016 年中国注册会计师协会发布的《会计师事务所综合评价前百家信息》公告中选取前 50 家会计师事务所作为研究样本，数据信息摘自会计师事务所官方网站、宣传专栏等披露的信息，主要研究会计师事务所企业社会责任信息披露的内容、方式和披露关注点。同时对文本进行量化统计，选取内容分析的研究方法，利用 ROSTCM6，SPPS 为辅助工具。

二、企业社会责任信息披露的衡量

参考殷红和杜彦宾（2016）的研究结论，同时通过对排名前 50 家会计师事务所网站进行浏览和分析，本书将会计师事务所披露的企业社会责任信息分为环境、顾客、社区、员工和其他五类。其中：环境责任包括废弃物循环、纸张使用、水的消耗、碳排放、商务旅行、节能、其他减污措施、采购、奖项 10 项；顾客责任包括服务、投诉、客户关系和客户满意度、负责任的商业运营、奖项 5 项；社区责任包括公司参与慈善捐赠，雇员参与和志愿者行动，教育、艺术、体育、医疗，其他社区活动，奖项 5 项；员工责任包括员工多样性、员工满意度、绩效和职业发展、薪酬、员工奖励、培训、福利（工作和家庭平衡）、奖项 8 项；其他责任包括商业伦理、供应商、其他 3 项，合计 30 项（见表 4 - 8）。此分类参考安古斯·达夫（Angus Duff, 2014）撰写的 "Corporate social responsibility reporting in professional accounting firms"，该文依据五类责任，分析了英国最大的 20 家会计事务所。本书根据国内会计师事务所运营情况进行调整，分别采用披露频数和披露百分比研究会计师事务所 31 项内容的披露水平，然后进行一一比较分析。

表 4 - 8　　　　　　　会计师事务所不同项目责任信息披露频数与频率

披露项目	子项目	频数	频率（%）	披露项目	子项目	频数	频率（%）
环境责任	废弃物循环	3	6	社区责任	公司参与慈善捐赠	235	470
	纸张使用	3	6		雇员参与和志愿者行动	262	524
	水的消耗	0	0		教育、艺术、体育、医疗	191	382
	碳排放	9	18				
	商务旅行	11	22				
	节能	2	4		其他社会活动	43	86
	其他排污措施	3	6				
	采购	0	0		奖项	6	12
	奖项	0	0				
顾客责任	服务	187	374	员工责任	员工多样性	159	318
	投诉	5	10		员工满意度	73	146
	客户关系和满意度	64	128		绩效和职业发展	15	30
	负责任的商业运营	46	92		薪酬	5	10
	奖项	5	10		员工奖励	17	34
其他责任	商业伦理	13	26		培训	163	326
	供应商	27	54		福利（工作与家庭平衡）	3	6
	其他	0	0		奖项	10	20

三、信息披露现状统计分析

由表 4 - 9 可见，截至 2017 年 1 月，从 50 家会计师事务所官网及特设企业信息披露内容来看，正式存在企业社会责任披露报告的只有 2 家，占前 50 家的 4%，而这两家里能做到每年更新报告披露的只有一家，不披露的却有 42%，接近一半的事务所选择不披露任何企业文化价值，包括党、团建活动或是员工培训等一系列的内容。定量披露的占 8%，定性披露占 26%。总体来看，披露尚处于初期阶段。一些会计师事务所在官网上虽然单独开设类似"社会责任""党建活动""我们的价值观"的专栏，里面却毫无内容。

表 4-9　　　　　　会计师事务所总体社会责任信息披露方式情况

披露方式	样本数	占比（%）
正式披露报告	2	4
不披露	21	42
定量披露	4	8
定性披露	13	26

从表 4-10 中不难看出，50 强会计师事务所在细分的 31 项企业社会责任信息披露项目中，披露的项目数及取值量均值为 30.58，披露情况处于较低水平。此外，社区责任这一项披露较为突出，但不同事务所披露的信息无论从内容上还是具体形式上都存在着很大的差异。

表 4-10　　　　　　会计师事务所总体社会责任信息披露水平

披露项目	样本量	均值	最大值	最小值	标准差
环境责任	50	0.62	13	0	2.27
顾客责任	50	6.14	81	0	14.70
社区责任	50	14.74	348	0	50.32
员工责任	50	8.9	99	0	17.31
其他责任	50	0.8	20	0	2.98
合计	50	30.58	561	0	87.59

此外，最大值从 348 到 13，差值较大，可以看出会计师事务所现有披露的方向更侧重于社区责任，对环境责任较为忽视。同时最小值均为零，显然还有一定数量的事务所从未披露过任何一项内容，也在一定程度上说明目前我国会计师事务所企业社会责任信息披露仍处于较低水平。

四、企业社会责任信息披露内容分析

（一）环境责任的目标与主要实践活动

1. 环境责任目标

图 4-1 为 50 家会计师事务所在环境责任部分披露的词频统计，统计集中出

现的关键词频，重点反映数字量化的关注点。在环境责任信息现有的披露中，分为纸张使用、水的消耗、碳排放、商务旅行、节能、其他排污措施、废弃物循环这7项具体内容。从图4-1中看出，商务旅游为披露量最高的一项。其次"碳排放"成为披露量第二的子项目。

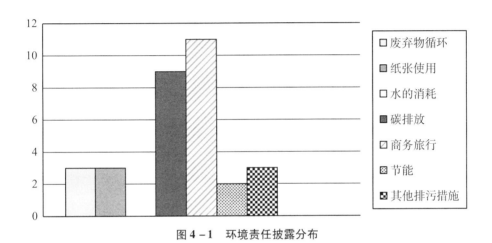

图4-1　环境责任披露分布

2. 主要实践活动

在浏览会计师事务所官网披露信息中，很多企业选择用公益旅行作为展现企业风貌的形式，有的会计师事务所在以"节能减排"为相关大主题下，组织员工进行讲座培训、外出参观旅游，进一步将企业社会责任落实。一方面可以管理自己的营运方式，通过自身内部节能减排，把对环境的负面影响减至最低；另一方面可带来的最大影响是，提供碳服务，包括审计与咨询服务，支持客户和市场推动低碳经济。

（二）顾客责任的目标与主要实践活动

1. 顾客责任目标

图4-2中反映的是顾客责任，具体披露的信息包括：服务、投诉、客户关系和满意度、负责任的商业运营以及奖项。其中占比高的是"服务"这一子项目，会计师事务所从性质上属于服务行业，良好的服务方式、服务态度为商企合作提供了稳定和良好的合作前提。另外，顾客的满意度及认可度决定着企业可持续发展之路。

2. 顾客责任的实践活动

从官网相关披露内容统计，主要体现在"关于我们""党建信息""社会责任"专栏等板块，其中在文化建设方面也有一定描述。主要是"以人为本""服

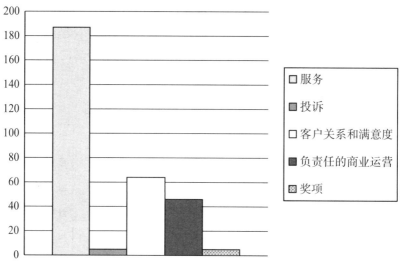

图 4 - 2   顾客责任披露分布

务客户""为客户指定全方位定位化服务"等公司宗旨来展现,具体开设相关客服专线进行意见反馈、投诉处理。其中 50 家事务所中,中汇会计师事务所、中兴财光会计师事务所、广东正中珠江会计师事务所在成果展示中披露了获得"最受顾客信赖"奖项。

(三) 社区责任的目标与主要实践活动

1. 社区责任目标

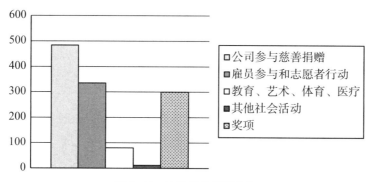

图 4 - 3   社区责任披露分布

作为所有披露项目中,社区责任披露信息量最大、词频出现次数最多,相关体现社会责任的形式也最丰富(见图 4 - 3)。公司参与捐赠、雇员参与志愿服务、教育、体育、艺术、医疗和相关奖项等都致力于促进员工生活和工作所在社区大环境和社区人群关系的改善，以志愿者、主办方和组织者的身份参与到社区活动中，形式多以企业捐赠或赞助和志愿者服务方式支持企业在所在社区更好运营，同时建立良好的合作关系。关注文艺、体育、医疗、教育，利用公共影响力实现正能量社会价值的传递，同时提升自身声誉。

2. 社区责任的实践活动

社区责任的实践活动形式多样且非常灵活，占比最高的是志愿服务。主要通过捐赠款项救灾、赞助；成立公益基金会项目；志愿服务包括植树志愿者、贫困山区支教，以及到贫困地区展开慰问。公益系列志愿服务例如广西贫困儿童支教、成立专项基金会、抗旱救灾的捐赠。

（四）员工责任的目标与主要实践活动

1. 员工责任的目标

员工作为推动业务开展的核心，以为员工提供较为优厚的福利待遇以及营造一个健康、安全的工作环境作为前提；目标是通过职业技能培训，提升员工个人素养从而提升工作效率；在工作过程中潜移默化地将多元的企业文化以及价值观植根于员工的思维模式，使员工真正认同并信服从而实现社会责任的升华。近几年来，本行业中青年人员流失率较高、工作压力不断加强的背景下，如何实现员工责任，留住、吸引更多优秀人才，以推动行业健康稳定发展，具有重要的现实意义。

2. 员工责任的实践活动

图4-4中占比最高的为员工培训，实际网页披露的培训内容及形式多种多样，从党中央政策学习培训、专业技能培训到团队团建培训，目的都是为员工提升专业能力、职业素质。其次，通过"员工交流会议""员工评价系统"以及

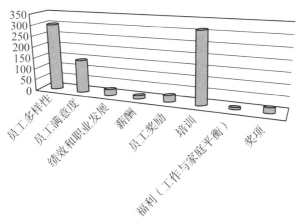

图4-4　员工责任披露分布

工作之余通过组织一些丰富多彩的互动活动，多方位营造事务所与员工之间的情感交流，同时鼓励员工全方位展示自己。例如：致同会计师事务所的"彩色跑"，鼓励员工锻炼身体；普华永道会计师事务所推出的员工风采展示等。同时推出一些互助项目，间接提高员工的福利待遇。

（五）其他责任的目标与主要实践活动

1. 其他责任的目标

这里主要包括商业伦理、供应商以及其他形式的信息披露（见图 4 − 5）。企业社会责任主要体现在，工作完成质量、合作诚信，且遵守职业道德，不用非法违规操作破坏市场秩序。

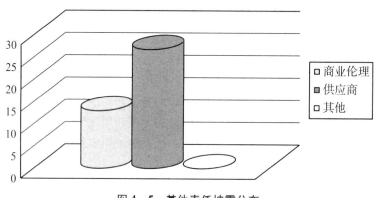

图 4 − 5　其他责任披露公布

2. 其他责任的实践活动

其他责任披露形式，如对会计师事务所的相关处罚，与供应商的商务友好活动，相关专家学者讲座论坛等。

五、企业社会责任信息披露的进一步讨论

（一）员工责任披露

注册会计师行业集知识与智力于一体，从表 4 − 11 中不难看出，中高端人才流失严重，特别是 30 ~ 40 岁年龄层的合伙人占比逐年下降，中青年骨干人员多转向金融机构与大型国企集团，行业后备军匮乏。处在中年（40 岁以上）的合伙人依旧是中坚力量，占绝对比重，达到 90% 左右，人才老龄化较为严重，行业架构急需调整。

表 4 - 11		2010 ~ 2014 年各年龄区间的合伙人人数占比情况			单位：%	

年龄	2010 年	2011 年	2012 年	2013 年	2014 年
30 岁以下	0.07	0.08	0.08	0.05	0.05
30 ~ 40 岁	14.87	12.39	10.05	8.48	6.84
40 ~ 50 岁	38.11	40.90	41.23	41.78	41.70
50 ~ 60 岁	19.21	18.04	20.45	22.16	23.62
60 ~ 65 岁	9.77	9.77	9.33	8.90	9.02
65 岁以上	17.97	18.82	18.86	18.63	18.77

注：表中数据资料来源于 2014 年中国注册会计师行业发展报告。

　　一些会计师事务所在员工责任方面实践的内容非常丰富。本章第一节中已经介绍了普华永道与毕马威实施的员工关怀项目以及人才管理项目和领导力项目、海外商学院交流实习的发展培养计划等，同时在校园招聘中融入企业社会责任主题、为家庭困难的员工提供帮扶项目等各种活动。德勤在 2010 年、2012 年的报告中分别设立"我们的员工""我们的人才"板块，除了体现企业对员工的关怀、员工工作环境的保障以及员工职业技能的培训外，重点关注提升员工在履行企业社会责任方面的能力。企业通过社会责任实践能够带动员工工作积极性和责任意识，良好的内部企业文化和良好的工作环境会加强事务所的人员稳定与人才储备。员工作为会计师事务所最重要的内部利益相关者，他们的正当权益、身心健康、工作环境等都应受到高度重视，被认为是会计师事务所最重要社会责任之一。

（二）负面信息披露

　　2016 年中注协综合排名前 100 家会计师事务所信息中，排名前 50 家的德勤华永会计师事务所、立信会计师事务所、利安达会计师事务所、北京永拓会计师事务所、中建华会计师事务所、山东和信会计师事务所这六家出现了不同程度的处罚记录（见表 4 - 12）。

表 4 - 12	2016 年中注协会计师事务所处罚记录披露
受处罚会计师事务所	被减分数
德勤华永会计师事务所	- 10
立信会计师事务所	- 6
利安达会计师事务所	- 24
北京永拓会计师事务所	- 4

续表

受处罚会计师事务所	被减分数
中建华会计师事务所	− 3
山东和信会计师事务所	− 4

资料来源：中注协《2016 年会计师事务所综合评价前百家信息》。

利安达会计师事务所曾在 7 年内 5 次登上黑名单，处罚分数达到 24 分，根据会计师事务所官网数据披露，网页数据检索，除德勤华永会计师事务所与被审客户出现利益冲突导致纠纷，另外五家均属于虚假信息披露，导致被处以不同数额罚款以及停业整顿的处罚措施，其中以利安达事务所最为严重。

根据这六家事务所社会责任信息综合披露数量的统计，德勤华永会计师事务所为 10 项、立信会计师事务所为 4 项、利安达会计师事务所为 48 项、北京永拓会计师事务所为 0 项、中建华会计师事务所为 7 项、山东和信会计师事务所为 31 项，其中利安达会计师事务所、山东和信会计师事务所均超过了前 50 家平均数 30 项，属于较高水平，其余多数也进行披露。为挽回会计师事务所声誉，往往有处罚记录的事务所在社会责任披露上会有所突出，这与赵占恒等（2015）年的研究结论相吻合，品牌丑闻事件发生后，企业往往会选择更加积极地开展社会责任活动，以达到借助企业社会责任行为来修复受损品牌形象的可能。

（三）国际"四大"与"非四大"企业社会责任披露情况对比

从表 4 - 13 披露的数据统计可以看出，国际"四大"在五大披露项目中环境责任、顾客责任、社区责任、员工责任的均值均远远高于非"四大"，尤其环境责任这一项是国内其他事务所所忽略的。无论是国际"四大"会计师事务所还是非"十大"所都倾向于披露更多的社区责任项目，形式多样，活动效果影响范围广，项目披露的定量信息也更丰富。国际"四大"在综合业务处理水平与综合排名方面都一直位于前列，企业社会责任信息披露水平也明显高于其他事务所。

表 4 - 13　　国际"四大"与非"四大"企业社会责任信息披露差异

披露项目	均值					
	国际"四大"[a]	非"四大"	差额	国内"十大"	非"十大"	差额
环境责任	3.75	0.34	− 3.41	3.75	0.53	− 3.22
顾客责任	14	5.46	− 8.54	5.6	6.275	0.675

续表

披露项目	均值					
	国际"四大"[a]	非"四大"	差额	国内"十大"	非"十大"	差额
社区责任	28	15.41	−12.59	13.8	14.98	1.18
员工责任	11.75	8.70	−3.05	5.3	11.13	5.83
其他责任	0.75	0.80	0.05	0.075	0.925	0.85

注：a：国际"四大"代表着全球四大会计专业服务公司，即德勤、安永、毕马威和普华永道。

资料来源：笔者手工统计。

　　显而易见，国内前十强的会计师事务所将企业社会责任信息披露的重点选择性地放在了社区责任，无论从品牌声誉影响力的提升，还是企业形象的树立，社区活动都能给予良好的体现；与此同时，所有事务所都同样关注与员工息息相关的社会责任信息披露。此外，从整体披露状况看，国际"四大"越来越注重量化信息的披露，企业社会责任报告多参考 GRI4.0，质量较高，形式规范；国内其他所多以定性披露为主，社会责任信息披露的数量与质量有待提升。

第五章

会计师事务所实施企业社会
责任的驱动因素研究

第一节　会计师事务所企业社会责任研究

会计师事务所提供审计等服务，同时与关键利益相关者接触，其行为和意见从道德伦理上代表着公众利益（Dellaportas & Davenport，2008；Kolk & Margineantu，2009）。2015～2017 年，证监会分别对北京兴华、立信、利安达、瑞华等几家大型会计师事务做出典型处罚，使得审计师的独立性受到质疑，注册会计师行业的社会公信力受到严重挑战，其道德伦理价值遭到公众质疑，注册会计师的社会责任引发各方关注。2016 年 4 月，中国注册会计师协会委托普华永道会计师事务所负责《中国注册会计师行业社会责任报告》的调研和编写工作，旨在更好地向社会公众宣传和展示注册会计师行业履行社会责任的情况，进一步提升行业的社会形象。

一、企业社会责任的认知过程研究

尽管企业社会责任已经成为国内外学术界的研究热点，但企业履行社会责任的动力机制和行动条件一直是学术界尚未厘清、存在争议的问题，尤其是对企业社会责任决策者认知过程的认识研究较少。由于目前企业社会责任报告呈现出的同质化、标准化趋势，缺乏了解企业社会责任活动的深层动机就难以揭示企业之间的真实差异（Snider et al.，2003），进而忽视了那些在初始阶段引发或形成企业社会责任活动的制度因素（Brickson，2007；Campbell，2006）。在中国转轨经济环境下，尤其是我国各级政府对会计服务市场一直采取强势干预的情境下，基于管理者个体以及组织内部对外部环境的回应，笔者特别选择这类特殊经济组织形式开展企业社会责任研究，一方面可以增强理论对现实的解读作用；另一方面，会计师事务所的企业社会责任研究不仅是其自身拓展新业务的需要，更是推动整个社会企业社会责任发展的必然选择。同时也为同类型经济组织（律师事务所等）推进企业社会责任提供参考，对政府部门、行业协会相关政策法规的制定有一定借鉴意义。

从企业自身视角研究企业社会责任通常从"行为"切入，伍德的"原则——过程—结果"三维研究模型被广泛接受。相对于"原则"与"结果"的研究，"过程"的研究非常薄弱，企业社会责任决策过程一直是"黑箱之谜"。企业对社会责任做出响应的直接动因是什么？这些动因又受到哪些外部因素的影响？不解决这些问题，企业社会责任的研究显然是不充分、不完整的。建构主义组织理论认为，企业组织并非处于一个"真实"的环境而是在一个感知到的环境中，通过从管理者个人层面分析其对企业与利益相关方以及环境关系的认知，有助于从过程的角度来了解企业的社会责任活动或行为。"我们的行动源于我们思考的内容与方式"（Preffer，2005）。巴苏和佩拉索（Basu & Palazzo，2008）建构了企业社会责任的过程模型，包括认知、释义、行为三个过程。目前国内已有一部分学者从企业高管视角、员工视角研究企业社会责任认知与行为（尹珏林，2012；冯臻等，2012；尹珏林、张玉利，2010；陆玉梅等，2015），同时关注影响企业社会责任行为的制度因素、管理者特征、行业环境等（沈奇泰松等，2012；张胜荣，2016；沈鹏熠，范秀成，2016）外部因素，探讨内外部因素与企业社会责任行为之间的内在驱动机制。研究方法多采用问卷调查与量化分析，个别学者采用访谈、单个或多个案例进行深入分析（骆嘉琪等，2015；沈奇泰松等，2012）。

二、会计师事务所企业社会责任的国内外研究

（一）国外研究

会计师事务所企业社会责任研究近些年不断发展，基于马来西亚 14 位会计师事务所员工访谈的结果发现，他们对企业社会责任的简单认知与复杂的社会现实之间存在天壤之别，文化与思维模式极大地阻碍了他们的参与行为（Zulkifli & Amran，2006）。达夫（2011）基于英国 18 家主要会计师事务所的半结构化访谈，发现会计师事务所履行社会责任的程度取决于可用资源的强度或与客户群性质相关，利益相关者的期望是其实施企业社会责任战略的主要动因。达夫（2014）通过系统分析英国排名前 20 家会计师事务所企业社会责任信息披露状况得出结论，实施企业社会责任是在行业中取得声誉的重要前提。同时，针对企业社会责任相关业务，达夫与郭（Duff & Guo，2011）访问了 17 家大型英国会计师事务所的

合作人和经理，以检查事务所 CSR 服务线的发展，确定了发展该服务的三个动机：（1）经济机会；（2）确保最佳人才，毕业生和有经验的员工期望为在 CSR 方面领先的雇主工作；（3）希望在市场中保持优势。他们建议会计师事务所在宣传 CSR 和支持制定 CSR 报告和鉴证标准方面代表公共利益。许多会计师事务所正在积极参与提供 CSR 鉴证和咨询服务，与高度专业化的咨询公司展开竞争（O'Dwyer et al.，2011；Simnett et al.，2009）。会计师事务所在支持和促进社会可持续发展方面的作用比以往任何时候都更加重要（Tilt，2009）。达夫（2016）基于英国排名前 20 位的会计师事务所企业社会责任报告、年度评论、网站和招聘材料进行内容分析，研究表明，企业社会责任是在会计行业传达合法性、地位和声誉的先决条件；然而，会计师事务所企业社会责任实践有限，主要倾向增强对毕业生人才的吸引力，因为他们每年需要招聘大量人才。

（二）国内研究

2009 年以来，在政府"做强做大"的引导下，基于会计师事务所的国内研究主题多集中在经营战略、竞争力以及审计市场结构、审计质量、审计收费等。欧群芳（2012）与彭超然等（2015）从会计师事务所应承担的经济责任、政府责任、行业责任、员工责任、环境责任、法律责任等多方面构建了社会责任评价指标体系。王彤彤等（2013）以普华永道会计师事务所为例，分析其企业社会责任的目标、内容与管理，以供其他会计师事务所借鉴。李远（2014）将会计师事务所的社会责任分为针对客户、注册会计师行业协会、环境、审计报告使用者、政府、员工与合伙人以及公共慈善等方面，并将会计师事务所企业社会责任区分为慈善责任、伦理责任、法律责任和经济责任。承担企业社会责任将会对事务所的利益相关者产生利益，从而实现事务所与社会的共同发展。同时，相对于其他不承担社会责任的事务所来说，承担社会责任的事务所将会形成差异化的产品，创造更多社会价值。

近期，会计师事务所企业社会责任信息披露的内容、披露方式、影响因素及其对审计收费的影响等主题引发一系列研究（殷红、杜彦宾，2016；2017）。基于实证方法的研究表明：事务所规模、品牌、盈利能力与企业社会责任信息披露显著正相关；事务所所有权与企业社会责任信息披露的关系不显著；政治成本能够显著改善事务所社会责任信息披露①。受到处罚和惩戒的事务所并未披露更多与客户和服务相关的信息，连续多次受到处罚的事务所为了转移公众关注、改善与政府和社区的关系，倾向于增加有助于改善企业形象的社区责任信息披露；从

---

① 殷红，杜彦宾. 事务所特征、政治成本与社会责任信息披露——基于会计师事务所综合评价前百强的经验证据［J］. 财会通讯，2016（36）：6 – 8.

短期来看，高成长的会计师事务所社会责任信息披露水平并未显著高于低成长事务所，从长期来看，高成长的会计师事务所增加了与客户和服务相关的社会责任信息披露，但是其他责任信息并未显著增加[①]。

与此同时，会计师事务所的从业者也提出了自身对企业社会责任的理解。会计师事务所在利用经济发展收获成功的同时，应利用其经验、能力、资源等优势回报社会，使其得到社会公众更多的认同。为充分发挥会计师事务所资源优势，提升会计师事务所综合服务能力以服务经济社会发展，会计师事务所应积极履行社会责任，大力发展管理咨询业务，这既是企业社会责任的要求，同时亦是其履行企业社会责任的特殊方式[②]。尹丽韫（2015）确认"服务国家建设"就是注册会计师、会计师事务所、注册会计师行业共同的核心社会责任。

三、研究评述

目前，针对会计师事务所企业社会责任的研究主要关注"是什么""为什么"以及如何评价，基本采用的是自发的、随意性较大的"定性研究"，而不是在自然情境下与被研究者展开互动，通过系统收集与分析资料建构研究结果与理论（陈向明，2015）。实证研究刚刚起步，规范性、系统性与有效性有待进一步加强，结论尚需进一步验证。

截至 2016 年 7 月，国内仍然仅有三家会计师事务所正式披露企业社会责任报告，该主题研究无法开展在宏观层面大面积的调查统计。事实上，企业社会责任的实证研究先天不足，其研究对象是市场失灵导致的社会问题，在实证研究中既无法基于一些主流理论提出检验假设，也难以依据资本市场数据直接进行验证（沈洪涛，2010）。本书选择了该领域研究较少采用的质化研究中的访谈作为研究方法，首先用开放的形式通过实地观察，了解当事人的思想和行为，基于扎根理论，基于 Nvivo11.0 定性分析软件，希望从一手材料中归纳与总结会计师事务所履行企业社会责任的内在逻辑，理解其驱动动因；其次，数据的统计性描述与相关性检验很难具体阐释制度、社会文化背景与企业社会责任的关联性以及企业社会责任行为与其他行为之间的关系，质化研究有助于在自然情境与人为情境下"解释性理解"企业社会责任的机制与动态过程，以便深入研究企业社会责任行为的复杂性与多元性；最后，已有的案例研究难以逾越代表性与内省性的问题，不同部门、不同层级、不同背景的职员对企业社会责任的认知不同，其行为具有不同特点，但也可以将其看作一个群体，研究群体特征，以便了解全局与整体特

---

① 殷红. 会计师事务所社会责任信息披露水平及其披露偏好的差异研究 [J]. 中国注册会计师，2017（9）：51 - 56.

② 吴寿潜. 以社会责任视角拓展会计师事务所管理咨询业务 [J]. 中国注册会计师，2012（8）：50 - 56.

证。本书首次尝试基于我国注册会计师行业讨论企业外部环境、企业社会责任行为和企业社会绩效之间的内在驱动机制。同时，分析企业社会责任决策者的认知过程，从微观层面为制度化过程中的趋同现象提供新的证据。

第二节　实证研究

一、选取研究对象

按照中注协 2013～2015 年国内百强会计师事务所排名，北京集中了国内最多的事务所总部，在业务规模、客户类型、业务多元等方面具有较强的代表性。所以，课题组的调研地点选择在北京。基于初步调查，正式成立企业社会责任部门、开展企业社会责任活动以及开拓企业社会责任相关业务基本集中于国内大型会计师事务所。因此，本书主要选择北京大型会计师事务所的企业社会责任部门总监或经理、审计或社会责任咨询部门的合伙人或业务总监作为调研对象。样本事务所至少符合以下标准之一，访谈对象的基本情况见表 5 - 1：

（1）国际四大会计师事务所（以下简称"四大"）；

（2）除国际四大会计师事务所，排名前 20 以内的事务所（根据 2013～2015 年中注协公布的百强信息最新排名）。

表 5 - 1　　　　　　　　　　　　访谈对象情况

	部门类型	是否为四大	是否接触 CSR 相关业务	职位
访谈 1	咨询	否	否	合伙人
访谈 2	咨询	否	是	总监
访谈 3	咨询	是	是	高级经理
访谈 4	审计	是	否	合伙人
访谈 5	审计	否	否	合伙人
访谈 6	审计	否	否	合伙人
访谈 7	税务	否	否	合伙人
访谈 8	咨询	是	是	总监

续表

	部门类型	是否为四大	是否接触 CSR 相关业务	职位
访谈 9	咨询	是	是	部门经理
访谈 10	CSR 部门	是	是	总监
访谈 11	CSR 部门	否	否	部门经理
访谈 12	CSR 部门	否	否	部门经理
访谈 13	CSR 部门	是	是	总监
访谈 14	CSR 部门	是	是	总监

二、获取资料

（1）课题组成员参与 2013 ~ 2014 年北京注册会计师协会相关研讨会、课题研究及 ACCA 会员单位调研等行业活动，深入了解国内注册会计师行业。

（2）课题组在国内外搜集文献资料，对企业社会责任相关文献进行认真研究；同时阅读样本事务所社会责任报告、官方网页以及中注协、北注协的行业刊物。

（3）对样本事务所北京相关业务部门进行实地调研，同时与调研对象进行半结构化访谈，其中访谈 10 通过该事务所视频系统进行，访谈 13 通过国际长途通讯进行，其余访谈均为实地面对面会谈。访谈前，课题组均承诺了保密协议，访谈资料仅用于本次研究，不会对外披露。每次访谈由 2 ~ 3 位课题组成员共同实施，每个访谈持续 1 ~ 3 小时不等，由于涉及外籍人士，一些访谈交流语言为英语。除回答访谈提纲中的问题以外，各方就相关话题进行了自由对话。访谈者对问题的回应比较积极，访谈过程轻松愉快。征得访谈对象的同意后，所有访谈都进行了录音，并及时转换成文字资料进行分析。

三、理论抽样

为了最大限度获取资料，本书采用理论抽样与理论饱和、分类的原则（Glaser & Strauss，1967；Glaser，1978，1998，2001）。课题组初步实施了四个访谈，基于 Nvivo10.0 进行初始编码与轴心编码，提炼有关概念的类属。课题组随后完善访谈提纲，补充了以下内容：（1）不实施企业社会责任的动机或原因；（2）对企业社会责任行为的比较；（3）对目前行业中的做强做大战略、低价竞争、行业监管等系列情境的回应。同时，后续访谈增加对访谈对象回答内容的精确化追问；简单总结问题答案，并得到访谈对象的确认。

四、数据分析

本书基于扎根理论，并辅以 Nvivo11.0 定性分析软件（正式实施数据分析时统一使用升级版），依据原始材料，遵循扎根理论的编码程序（Strauss & Corbin，1998）。

（一）开放式编码

首先，主要是把 14 个访谈的资料进行分解、提炼，形成概念，这些概念存在重复和交叠，借助主题分析，把与同一现象有关的聚拢成一类，利用自由节点与树节点功能形成初始范畴（见表 5 - 2）。

表 5 - 2   开放式编码及范畴化示例

典型引用	概念	范畴化
"企业的根本责任是为社会创造财富，只有立足于社会的根本需要，才有可持续发展的动力。企业不仅只是为股东创造财富，应更多地关注利益相关者的根本利益。"	根本责任是为社会创造财富 立足社会根本需要 可持续发展的动力 为股东创造财富 关注利益相关者根本利益	为社会创造财富（最基本责任）
"企业社会责任最基本的概念应该第一对股东，然后内部对员工，再对社会公众，包括环保啊这些，都是一些社会责任。"	第一是对股东的责任 第二是员工的责任 最后是社会的责任	必须关注利益相关者（股东、员工等）根本利益
"事务所的社会责任和经济责任紧密相连，最大的社会责任是鉴证的报告是否符合企业的实际，是否会对其造成决策的误导。这点做不好，社会责任就会存在很大问题。"	社会责任和经济责任紧密相连 最大的责任：提供真实可信的鉴证报告	提供真实可信的鉴证报告（最基本责任）
"正是这个行业的工作压力与强度，人员流失率很高。如何引导员工管理时间，如何缓解工作生活矛盾，同时注重企业文化建设，增强凝聚力，尽最大努力稳定队伍。"	人员流失率高 注重企业文化建设 增强凝聚力 稳定队伍	人员流失严重
"第一个应该是企业形象，事务所本身的职业在这个市场的形象，应该是对社会有责任的，不管从我们的职业操守还是其他的社会责任上面，你的形象包括了你吸引人，你在客户心目中的形象。"	第一个（动机）企业形象 职业在市场的形象 对社会有责任 职业操守 吸引人 客户心目中的形象	形象

续表

典型引用	概念	范畴化
"对于他们这样的所，生存是第一位的，他的生存都有问题，CSR 这个东西是要钱的。"	生存是第一位的 CSR 需要花钱	赢利 CSR 增加成本
"我觉得社会责任不是简单的公益行为，包括把你的员工都培养成那种职业道德非常好的真正的注册会计师，这也是一种社会责任，很多事务所肯定会培育很多人流向企业。"	不是简单的公益行为 培养员工良好职业道德 培养真正的注册会计师	CSR 不仅是公益
"对于事务所来说，你也要管好你自己，把自己的业务做好，有自己的底线，严格按照我们的职业道德准则来执业，严格按照审计准则来办事，我觉得这是最起码的责任。"	把自己业务做好 有底线 严格按职业道德与审计准则执业 最起码的责任	严格遵守职业道德与审计准则（最基本责任）
"一部分是由于客户诉求，一部分是你提倡这样的理念，但是自己都没有做，那么行为与要求不一致。另外，我们在中国已经二十年，已经变成一半中国，一半国际机构，所以需要证明我们对中国的发展也是做出了贡献。"	客户诉求 倡导理念必须言行一致 证明对中国的发展做出了贡献	满足客户需求 倡导 CSR 理念 必须言行一致 本土化诉求
企业社会责任不光是做一些活动呀，或者做一些善事，而更重要的要把这种文化融入到我们公司的每一个商业架构里头。	不光是做活动、善事 企业文化 融入每一个商业架构	融入商业运营
我自己的看法是先叫人做不如自己先做，就是在外面讲不如在公司里面先做好，所以头几年的时间，其实我们很关注在公司内部建立文化，建立核心价值。我自己觉得 CSR 你讲出来时，是没有人想做的，但也没人说你这是不应该做的事情。	公司内部建立文化与价值 没有人想做 CSR，但也没人说不应该做	将 CSR 融入公司内部文化与价值
内部的动机总体说来就是"做正确的事"……我们履行更多的社会责任，我们的员工与合伙人就会越多参与，他们在企业会更有热情。所以我们优先考虑让更多的员工作为志愿者参与到项目里。	内部动机：做正确的事 提升员工参与度 激发员工热情 优先考虑更多员工作为志愿者参与项目	做正确的事 提升员工的满足感
……	……	……

（二）轴心式编码

首先，依据初始范畴之间的属性进行比较分析，并对一些初始范畴的维度进行分析，以找到同一类属性的副范畴。其次，根据扎根理论研究中的"典范模型"，包括"因果条件—现象—脉络（或情境）—中介条件—行动（或互动策略）—结果"来识别副范畴之间的关系。其中，因果条件与中介条件是分析现象的条件，脉络是现象的具体维度，行动（或互动策略）是事件中行动者采取的行动或策略。最后，在建立起副范畴之间的关系后，发展核心范畴。本书提取了六个典范模型，得到了核心竞争力、商业利益、监管压力、客户压力、员工流失压力、核心价值观六个主范畴（见表5-3、表5-4、表5-5）。在解读材料的过程中，注意关注不同"声音"的细节，所以在"商业利益"的模型里，保留了"异质性"的解释（用黑体字标出）。

表5-3　　　　　　　　　　**"核心竞争力"的典范模型**

因果条件："做强做大"	现象：核心竞争力
脉络：（有形利益）长期利润最大化 （无形利益）品牌，形象 行为/策略：满足客户需求，保障员工福利待遇，品牌建设 结果：可持续发展，增强核心竞争力	中介条件：满足利益相关者根本利益（股东、客户、员工等）

表5-4　　　　　　　　　　**"商业利益"的典范模型**

因果条件：CSR 是商业趋势，本土化诉求 关注业务	现象：商业利益
脉络：市场意识，品牌意识，内部管理 行为/策略： 员工自发环保公益行为—事务所 CSR 行为—事务所 CSR 战略 引导并教育客户，发展 CSR 战略性业务 **没有精力做 CSR，CSR 是环保公益，CSR 是相关部门的事** 结果：CSR 战略直接关联核心战略，长远影响与发展	中介条件：融入商业运营，需要共同的市场语言，**CSR 增加成本**

表5-5	"监管压力"的典范模型
因果条件：多重处罚	现象：监管压力
脉络：多重监管

行为/策略：
（基本）遵守法律法规制度，依法纳税，扮演严谨、专业、负责的社会角色
（积极）与国际组织、政府、NGO、企业建立合作双赢关系，领导带头抗灾捐款
（消极）不能内化外部压力，管理高层理念差异

结果：（良好）合法的基础上实现利润最大化，不被处罚，（较差）被处罚 | 中介条件：行业不受尊重，树立领导形象，本土化诉求 |

　　需要指出的是，本书注意寻找被访谈人使用的特定词语，特别将它们作为范畴的"原话"，研究者作为联系资料关系的纽带，但资料本身的特质不仅可以保持"原汁原味"，而且可以体现研究者对资料内容的理解和组织能力（Weiss，1994）。比如：资料中重复出现"做正确的事"（do the right thing），"正确的事"体现的就是事务所对企业社会责任的认识，做好企业社会责任的目标与计划等，所以本书认为它与"CSR是一个商业趋势""CSR与商业运营契合""CSR战略与核心战略关联"等属于一个类属。

（三）选择性编码

　　最后，在分析轴心范畴基础上，通过故事线找出核心范畴，更抽象、更综合地提炼主范畴之间的关系，通过Nvivo软件将有关系的树节点联系起来，描述研究对象。通过对副范畴与主范畴的分析，提炼出"经济利益""合法性""伦理道德"三个核心范畴来概括与分析其他范畴（见图5-1）。

　　围绕核心范畴的故事线可以概括为：一些事务所认为，为了提升竞争力，回应"做强做大"的要求，意图满足利益相关者的根本利益，比如进一步满足客户需求，保障员工福利待遇以及品牌建设等以实现最大化利润，获得良好的品牌形象，最终增强核心竞争力；一些事务所认为，企业社会责任是商业趋势，需要将其融入商业运营，通过将员工自发的环保公益行为引导到事务所层面，同时引导客户需求，发展企业社会责任业务，最终将企业社会责任战略与企业核心战略相关联，实现企业长远影响与发展；而另一些事务所更关注业务，认为没有精力做企业社会责任，而且企业社会责任就是环保公益，属于相关部门的事。

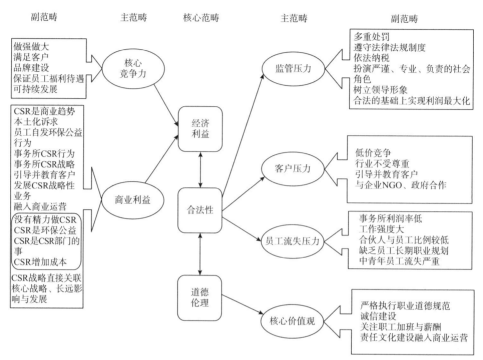

图 5 – 1　会计师事务所企业社会责任驱动因素的编码过程与编码结果

由于国内多头监管，客户招标的低价选择以及人才流失，事务所普遍感受到监管层与客户的双重挤压，特别是审计业务人员。为了创造良好的外部环境，事务所试图通过履行企业社会责任，关注利益相关者根本利益，满足政府与社会的预期，以获得行业的社会认同。一部分事务所认为应该遵守法律法规制度，依法纳税，扮演严谨、专业、负责的社会角色；为了树立领导形象，领导需要带头抗灾捐款；必要时基于专业经验进行社区服务；内部需要完善员工薪酬体系。另一部分事务所在努力教育与培养客户，积极寻求与国际组织、政府、NGO、企业等建立合作双赢关系；基于年轻员工更愿意参与公益环保，吸引更多员工参与公益项目，提升员工的满足感。但由于管理层理念的差异，一些事务所不能内化外部压力，企业文化缺乏支撑，员工发展缺乏战略规划。

因为监管处罚压力与同行低价竞争，一些事务所认为履行企业社会责任必须坚持独立、客观、公正的执业理念，严格执行职业道德准则与审计准则，维护公众利益；提供职工健康安全与生活保障，所以必须实施诚信建设、保护客户信息、参与公益慈善、义务审计、关注加班、完善薪酬体系；一些事务所将企业社会责任融入企业文化与核心价值，以实现商业运营的可持续性。

第三节　研 究 小 结

一、经济利益驱动发挥主导作用

首先，由于国内会计师事务所仍然面临较大的市场压力，利润率较低，尤其是审计服务市场，竞争异常激烈。访谈 4 的合伙人谈到"美国、欧洲一个事务所合伙人和员工比例一般是 1∶10，亚太地区是 1∶30 或者 1∶40，利润水平不足以养这么多合伙人……事务所不是一个知识机器而是劳动机器，其实不应该是这样，但在中国就是这样。"访谈 5 的合伙人认为："经济基础决定上层建筑，四大收费高，多出来的钱可以去做战略性的东西，做 CSR，我们大多维持温饱……合伙人的注意力主要还只是做业务。"访谈 6 中，合伙人认为"企业社会责任就是对股东对员工对社会的责任……目前生存是第一位的，CSR 需要投入，也是一个成本。"可以看出，事务所一方面意图通过企业社会责任提升形象，形成或固化品牌优势，最终带来经济利益；另一方面，虽然认可企业社会责任，但是认为目前没有经济实力去做。

其次，咨询部门的生存压力略小，均能认识到企业社会责任的战略性，其中，来自四大的咨询人员谈到，深度考虑客户需求，开展战略性咨询、鉴证业务，参与企业社会责任部门制定或执行相关战略政策，将商业运营与企业社会责任相融合，最终实现长期的经济利益。从经济理性的效率视角，企业可以通过履行企业社会责任提高声誉、客户的忠诚度等，而实施 CSR 战略可以带给企业新的社会资本，从而解读企业社会责任战略与竞争优势的形成机制（徐二明等，2011）。

二、合法性驱动作用日益显著

与效率视角不同，制度理论认为，合法性机制是诱使或迫使组织采纳在组织外部环境中具有合法性的组织结构或做法的制度力量，这种制度力量不仅仅指法律制度的影响，还包括文化、观念、社会预期等制度环境对企业行为的影响。制度环境对企业社会责任的合法性机制驱动主要体现在规制同构、规范同构与模仿同构方面（Dimaggio & Powell，1983）。

规制同构指的是政府管制部门、职业团体和专业组织制定标准，通过具有支配性的机构强加给组织；企业若违背这种强制性约束，可能面临严重的经济损失和社会制裁。国内会计师事务所面临财政部、证监会、行业协会的多重监管，强烈的强制性约束驱动事务所履责，否则将会遭受惩罚。"我觉得事务所披露报告时应区分自己最大的社会责任是什么，如果一家事务所虽然捐款了不少，但今年被注协批评、惩罚，那就全盘否定了，不能在小的事情彰显自己，但自己大的责任没履行到位"（访谈2）。"会计行业谁都能查我们，证监会，财政部，包括注协，我们的娘家也查我们……我们如果出了点事那就对我们所甚至整个行业的负面影响太大了……"（访谈7）。

规范同构指的是社会规范、价值观、职业标准、惯例传统和教育培训等专业化和社会化过程，促使组织遵循特定的行为准则和规范。这种同构区别于规制同构，来源于行业共同的价值观、职业操守与专业精神，属于自愿非强制性的约束。注册会计师行业的职业特性决定了会计准则、审计准则等一系列准则、规则一直与行业相伴，诚信、公正、团队合作等行业最重要的价值观与职业理念已形成广泛认知。"我觉得最重要的是，始终坚持'独立，客观，公正'的执业理念，维护公众利益……其次，遵纪守法，诚信经营，比如，不能出具虚假不实的审计意见，不从事腐败、贿赂行为，遵守公平竞争原则……"（访谈1）"严格按照我们的职业道德准则来执业，严格按照审计准则来办事，我觉得这是最起码的责任"（访谈7）。

模仿同构是企业基于认知压力——对自身、对模仿对象及二者的差距有十分明显的认知，向同行或产品同类企业进行的仿效，其效果以大众的合法性评价为依据，模仿后，评价提升了，则仿效是有效的。伴随企业社会责任实践的不断深入，基于对企业社会责任的认知，一些事务所已经向场域内其他组织提供了一种积极的"示范效应"，当负责任的商业实践显示出声誉效应、客户多元化、政府关系改善等优势，并形成合法性机制后，会导致这种合法性惯例与规则的强化，推动制度的扩散。"比方说一些跨国公司，他们其实对自己的审计师和供应商都有一定的要求的，特别是在 CSR 或者是 SUSTAINABILITY 方面，是有一定的愿景而且是跟他们的愿景是一致的……我们有非常好的机会影响其他的企业或者利益相关者……（社会责任报告中介绍）利益相关者、NGO 这些的合作，特别是受益者或者受益的机构从他们的角度怎么看我们的贡献……"（访谈13）"他们还是不太懂，不了解，没有把 CSR 看作是一个市场，或者是一个商业的趋势……对于我们自身的 CSR 政策中国的客户比较少（问），外国的客户会（问）……"（访谈8）"我们在中国已经20年，已经变成一半中国，一半国际机构，所以需要证明我们对中国的发展也是做出了贡献……"（访谈9）。

上述分析显示，事务所出于来自内外部的多重压力，逐步认识到需要关注并影响利益相关者的根本利益，使行业获得社会认可。由此，一部分事务所提及遵守各项法规准则，保障职工薪酬，必要时开展公益捐助。而另外一部分事务所认为对外需要理解回应客户需求，与政府、NGO、企业等实施双赢合作，对内不断提升员工满意度，建立基金会，有计划地开展公益环保活动，实施企业社会责任战略，但这种领先的"示范效应"在注册会计师行业并未显著驱动同行间实施企业社会责任的模仿行为，企业社会责任实践扩散程度较低，这说明场域内企业社会责任的商业氛围现阶段尚未建立起来；同时，通过模仿其他企业并不能确定是否能够获得预期的合法性，是否必然得到公众的认可，这与行业的竞争环境、客户与社会公众的认知水平等密切相关。

三、伦理道德驱动发挥重要作用

伦理道德是内在的价值理念或外在的行为规范。企业社会责任可以界定为企业与利益相关者共同为企业价值决策构建合理意义的过程（李伟侠，2014）。访谈中，谈及较多的利益相关者包括股东、员工、合伙人、客户、监管层、政府、NGO 等，例如，"企业社会责任最基本的概念应该第一对股东，然后内部对员工，再对社会公众包括环保啊这些，都是一些社会责任"（访谈 6）。"给社会解决点问题，比如说我对员工好一点，薪酬高一点……在管理上面应该更多地向员工倾斜，向社会倾斜……"（访谈 7）。"我们履行更多的社会责任，我们的员工与合伙人就会越多参与，他们在企业会更有热情……所以我们优先考虑让更多的员工作为志愿者参与到项目里"（访谈 10）。一些事务所将独立、客观、公正的执业理念与严格执行职业道德规范作为行业基本的企业社会责任，并将诚信建设与关注员工加班与薪酬作为履行企业社会责任的基本行为；对于另外一部分事务所来说，企业社会责任过程已经不是简单的政策或实践，它具有多维度的文化特点，他们已经逐步将其内化于组织管理中，形成责任文化，比如"企业社会责任不光是做一些活动呀，或者做一些善事，更重要的要把这种文化融入到我们公司的每一个商业架构里头"（访谈 13）。"头几年的时间，其实我们关注在公司内部建立文化，建立核心价值"（访谈 14）。此外，基于社会责任实现企业商业目标的同时，致力于与利益相关者共同参与甚至引导社会变革而非单纯地获取竞争优势，"我们和世界经济论坛搞了一个差不多为期一年的项目……现在企业做企业社会责任也好，做慈善也好，都是比较单向的，但是目前这一两年，我们能联合起来，跟政府或 NGO 合作，如果合作有效的话，这力量就会很大了，而且影响会更加长远、能持续"（访谈 13）。因此，考虑利益相关者的价值诉求，通过与利益相关者的联合行动可以增加企业社会责任结果的合法性，伦理价值与道德情境会推动企业价值决策过程，"努力实现企业经济效益、员工利益和社会利益的多赢，在经济、社会和环境之间寻求负责任的平衡"（访谈 11）。

四、研究结论与启示

　　本书的研究基于扎根理论揭示了会计师事务所企业社会责任的驱动因素：现阶段，无论是出于生存需要，还是出于竞争优势，经济利益成为企业社会责任的首要动机，仍然发挥主导驱动作用。事务所"没有精力做企业社会责任""企业社会责任增加成本"的表达同样是出于经济利益的考虑。2015 年，我国注册会计师行业非审计业务收入占行业总收入的比重提高到 30%，但相对于发达国家审计业务与非审计业务 5:5 的比例结构仍有较大差距，服务品种过度单一，同质化服务严重①。另一方面，在市场压力下，事务所有时不得不采取价格竞争策略，个别事务所甚至出现了不正当低价竞争。同时，证监会、国资委、财政部等一系列强制轮换及招投标等政策的实行，业内预计强制轮换导致价格下降幅度约在15% 左右，即每轮换一次事务所降低 15% 左右的收费②。2014 年，北京地区注册会计师行业业务收入净利率仅为 5.32%，却是 6 年来的最高点③。当企业财务绩效相对较差，或者当企业处于相对不健康的经济环境中，竞争异常激烈，利润空间较低，企业行为不太可能关注企业社会责任。然而，如果有适度利润保证并且不危及企业生存的正常竞争条件下，管理者为了使企业不断成功，会更加重视维护企业声誉，采取不负责任行为的需要减弱，也就是说，竞争与企业社会责任行为之间存在曲线性关系，适度竞争往往使企业行为变得更富有社会责任感（Campbell，2007）。然而，这种经济关系正受到制度环境的调节。

　　我国会计师事务所从挂靠政府部门到脱钩改制，从外资所的引入到外资所的本土化，从有限合伙制到特殊普通合伙制，事务所的产权制度、运营方式与市场结构都是政府部门的一种选择。伴随会计准则的不断制定、发布与修订再到会计准则的国际趋同，以及综合报告制度的不断推进，企业、政府、非营利性组织的会计改革都在随之跟进。由此，我国会计服务市场一直是在各级政府强力干预下形成与发展，外部制度也随之不断演变，会计师事务所的外部制度环境一直处于高度不确定状态。制度环境的发展变化在不同程度上引导事务所为寻求自身合法性地位而做出不同的反应，合法性机制的驱动作用日益显著。个别事务所出于公众形象、减少压力等战略原因开始对外披露企业社会责任报告，但鲜有触及外部

　　① 　中国注册会计师协会."十二五"期间注册会计师行业工作回顾之七：新业务拓展［EB/OL］.（2016 - 12 - 30）. http：//www. cicpa. org. cn/news/201612/t20161230_49420. html.

　　② 　北京注册会计师协会. 2013 年北京地区注册会计行业发展报告［EB/OL］.（2014 - 10 - 10）. ht-tp：//www. bjctax. com/70/144/43890. html.

　　③ 　北京注册会计师协会. 2014 年北京地区注册会计行业发展报告［EB/OL］.（2015 - 08 - 31）. ht-tp：//www. bicpa. org. cn/dtzj/hydt/B1440997892886569. html.

对其规则或监管负面的声音。需要指出的是，他们与政府、NGO 合作，把企业
决策与公民社会的话语权联系在一起，超越利益相关者的压力而把关注点转到社
会挑战上，表明其民主参与和控制形式的不断改变，这超出了实证主义对企业社
会责任的理解，并且难以根据规范化的企业社会责任方式对其做出解释（Matten
et al. , 2005）。在全球化不断加深的现实背景下，企业可以被看作市场社会里的
经济与政治的混合主体（Scherer et al. , 2007），伴随其跨国发展，一些自愿的、
商业驱动的企业社会责任行为开始转向一种与政府或国际组织的长期政治合作，
以期在规范成为制度的合法化过程中发挥作用。

通过对利益相关者价值诉求的认识过程，事务所认可的伦理道德在企业社会
责任决策中发挥了重要作用。戈弗雷（Godfrey，2005）认为企业社会性行为会
在利益相关者中形成有力的"道德资本"，在发生不利事件时，有助于降低利益
相关方对企业采取不利行动的倾向。个别事务所将社会责任内化于组织文化与组
织价值，基于同质价值观构造群体的同质型，这种组织在制止负面价值观与利益
方面比层级命令更加有效。

本书的研究结论与目前国内外研究文献成果基本一致，利益相关方、绩效、
外在与内在动机成为履行企业社会责任的主要动因（Basu & Palazzo，2008）。这
里，政府、监管方与行业协会成为利益相关方的主体；盈利、战略等成为企业社
会责任所需要的绩效；提升形象、回应政府、股东与员工成为从事企业社会责任
活动的外部动机与内部动机。但是，在我国现阶段，与实施企业社会责任战略的
主要动因是利益相关者的期望（Duff，2011）并不一致，经济利益仍然是首要
动机。

此外，三种因素的驱动作用并不会此消彼长，更多的是源于会计师事务所是
被动反应还是主动选择，当其迫于市场的经营压力时，总是试图通过企业社会责
任实现更多的经济利益。但当其关心利益相关者的利益与价值诉求，或者超越利
益相关者的关注时，事务所会主动实施企业社会责任，这时，合法性机制作用明
显。但法律、规范等只是"硬性"约束，只有将利益相关者纳入事务所决策过程
中，形成共享价值观与企业社会责任文化，事务所才能获得经济发展所需要的社
会形象与社会信任，而根植于伦理价值与道德信仰的"软性"约束将进一步驱动
企业社会责任实践，为本行业营造理性与稳定的商业环境，避免特定的社会
风险。

第六章

会计师事务所企业社会责任测量研究

第一节　企业社会责任测量的意义

　　一直以来，测量企业社会责任吸引了相当多学者的学术兴趣（Abbott & Monsen, 1979；Aupperle, 1984；Singhapakdi et al. , 1996；Maigan & Ferrell, 2003；Alvarado - Herrera et al. , 2015 等），测量方法包括声誉指数、多重指标、公司报告内容分析、专家评估以及从个人或组织层面来评估企业社会责任维度（Maignan & Ferrell, 2000；Turker, 2009）。一方面，鉴于企业社会责任实证研究受限于企业社会责任测量工具，迫切需要发展具备良好心理测量学特性的量表来构建企业社会责任多维结构（ElAkremi et al. , 2015）；另一方面，西方企业社会责任研究根植于西方的社会文化背景，如果不考虑中国的文化背景而进行简单的移植，可能会造成一定程度的水土不服（辛杰，2014）。当前，中国会计师事务所企业社会责任实践与在促进企业社会责任方面的社会地位和公众预期并不一致，由此，了解员工对企业社会责任的认知对会计师事务所制定企业社会责任政策、履行企业社会责任具有重要的指导意义。本书的研究旨在响应图尔克（Turker, 2009）在不同行业和国家研究企业社会责任测量时的呼吁，并首次尝试在中国情境下测量会计师事务所员工对企业社会责任的认知。

　　测量会计师事务所企业社会责任具有重要意义。会计师事务所提供审计方面的鉴证服务，在伦理道德上，其行为代表着公众利益（Dellaportas & Davenport, 2008；Kolk & Margineantu, 2009）。根据财政部 2016 年会计信息质量检查公告（第三十六号）披露，2015 年，共计 1108 家会计师事务所受到检查，174 家被处理处罚，其中 52 家分别被警告、暂停经营业务、没收违法所得，129 名注册会计师被处理，20 名被暂停执业或取消执业资格。深入分析员工对企业负责任或不负责任社会行为的认知与反应（Rupp et al. , 2006）非常必要，因为员工是主要的利益相关者，他们对企业有足够的了解，并具有重要的合法性来影响企业

（Maignan & Rerrell，2000；Greenwood，2007）。同时，对企业社会责任富有积极的认知会带来高的员工忠诚度、低的员工流动和强的企业绩效（Lee et al.，2013a）。研究表明，员工更喜欢为富有社会责任感的企业工作，相信这些企业能提供更多的个人成长机会（Bhattacharya et al.，2008）。

第二节　文献回顾

一、企业社会责任测量的国外研究

依据第二章对企业社会责任内涵的分析，CSR 定义一直没有得到普遍共识（McWilliams et al.，2006），它仍是一个不断发展的概念（Carroll，1999）。早期尝试概念化企业社会责任的学者可以追溯到鲍恩（1953），他将社会责任定义为"商人履行这些政策或者做出这些决定，或者遵循社会目标和价值观的那些行动的义务"[①]。卡罗尔（1979；1999）在他的开创性工作中表明，企业社会责任包括四个部分：（1）经济责任；（2）道德法律责任；（3）道德责任；（4）自由或慈善责任。卡罗尔对企业社会责任的概念化已经在世界范围内得以应用（Maignan，2001；García de los Salmones et al.，2005），这为后续企业社会责任测量研究提供了理论基础（Aupperle et al.，1984）。此外，通过对现有文献中确定的 37 个企业社会责任定义所做内容分析的结果表明，企业社会责任可以从五个维度进行定义：（1）利益相关者；（2）社会；（3）经济；（4）自愿；（5）环境（Dahlsrud，2008）。

本书通过对国外文献的回顾，确定了 12 个关于企业社会责任测量实证研究的发展脉络（见表 6-1）。

表 6-1　　　　　企业社会责任测量相关的文献

序号	作者	样本	国家	量表维度（维度的数量）	项目数量
1	艾伯特和蒙森（Abbott & Monsen，1979）	财富 500 企业年报	美国	环境、平等机会、人员、社会参与、产品与其他（6）	24
2	艾伯利等（Aupperle et al.，1984）	241 位首席执行官	美国	经济、法律、道德和自由责任（4）	20

① Bowen，H. R. Social Responsibilities of the Businessman ［M］. New York：Harper & Row. 1953. P. 6.

续表

序号	作者	样本	国家	量表维度 （维度的数量）	项目 数量
3	斯恩格帕蒂等（Singhapakdi et al.，1996）	157 位商学院学生	美国	社会责任、盈利能力、长期收益与短期收益（3）	13
4	夸奇和奥布赖恩（Quazi & O'Brien，2000）	102 位澳大利亚与 218 位孟加拉国首席执行官	澳大利亚 孟加拉国	澳大利亚资料有 7 个维度；孟加拉国资料有 9 个维度	25
5	麦根和法瑞尔（Maignan & Ferrell，2000）	210 位美国经理与 120 位法国经理	美国 法国	经济、法律、道德与自由公民（4）	18
6	麦根和法瑞尔（2003）	169 位法国、94 位德国与 145 位美国消费者	法国 德国 美国	经济、法律、道德与慈善（4）	16
7	加西亚·德洛斯·萨尔莫内斯等（García de los Salmones et al.，2005）	689 位手机使用者	西班牙	经济、法律 - 伦理与慈善（3）	11
8	大卫等（David et al.，2005）	176 名在校大学生	美国	道德 - 伦理、自由与关系实践（3）	12
9	辛格等（Singh et al.，2007）	144 位英国与 148 位西班牙消费者	英国 西班牙	商业、伦理与社会责任（3）	12
10	图尔克（Turker，2009）	269 位商业专业人士	土耳其	社会与非社会利益相关者、员工、客户与政府（4）	17
11	阿尔瓦拉多·埃雷拉等（Alvarado - Herrera et al.，2015）	1147 位国际旅行者	西班牙 墨西哥	社会公平、环境保护与经济发展（3）	18
12	埃尔·克莱米等（El Akremi et al.，2015）	3722 名员工	法国	社区导向、自然环境导向、供应商导向、员工导向、客户导向、股东导向（6）	35

　　艾伯特和蒙森（Abbott & Monsen，1979）首先依据财富 500 强公司年度报告进行内容分析，制定了企业社会参与披露（corporate social involvement disclosure，SID）量表。SID 量表包含描述 6 个企业社会责任类别的 24 个测量项目：（1）环境；（2）平等机会；（3）人员；（4）社区参与；（5）产品；（6）其他项目。为了反映内部经理人对企业社会责任的看法，艾伯利等（Aupperle et al.，1984）首先根据卡罗尔的金字塔模型，通过抽样 241 名美国首席执行官，开发出一个包含 20 个项目的量表，用以衡量经理对企业社会责任的认识，包括经济、法律、道德和自由责任。之后，伦理和社会责任重要性认知（PRESOR）量表被开发出来，包含 13 个项目，主要衡量三个因素：（1）社会责任和盈利能力；（2）长期收益；（3）短期收益（Singhapakdi et al.，1996）。随后，包括 25 个项目的研究工具用于衡量管理者对企业社会责任的态度。基于对 102 个澳大利亚和 218 个孟加拉国企业高管的跨国调查，通过对澳大利亚数据采用九因子结构，对孟加拉数据采用七因子结构，最后总结出二维企业社会责任模型，描述责任的跨度和企业社会承诺的范围（Quazi & O'Brien，2000）。麦根和法瑞尔（Maignan & Ferrell，2000）基于卡罗尔（1979）企业社会责任概念和利益相关者理论，开发出 18 个项目来衡量经理对企业公民的看法，企业公民包括四个相关因素：（1）经济；（2）法律；（3）道德；（4）自由公民权。卡罗尔（2000）认为，企业社会责任衡量应依赖于主要利益相关者对企业社会责任的看法或对企业社会责任绩效的看法。麦根和法瑞尔（2003）在法国、德国和美国实施跨国调查的研究结果表明，消费者对企业社会责任评价可以采用四维结构描述经济、法律、伦理和慈善责任。

　　为了提供原始可靠且有效的企业社会责任测量，图尔克（Turker，2009）通过在土耳其不同组织工作的 30 个受访者实施探索性研究，系统地发展了一个包括 42 个项目的研究工具。接着对 269 名土耳其商业专业人士实施调查，采用 4 个维度，17 个项目的量表，具体包括：（1）对社会和非社会利益相关者的 CSR；（2）对员工的 CSR；（3）对客户的 CSR；（4）对政府的 CSR。在美国，基于墨西哥和西班牙的 1147 名游客做了全面五阶段的研究抽样，开发了一个包含 18 个项目的量表，测量 3 个维度：（1）社会公平；（2）环境保护；（3）经济发展（Alvarado – Herrera et al.，2015）。依据利益相关者理论，通过在法国收集 3777 名员工的数据制定并验证了企业利益相关者责任（scale of corporate stakeholder responsibility；CStR）量表。CSrR 量表具有良好的心理特性，包含描述 6 个维度的 35 个项目：（1）社区导向 CSR；（2）自然环境导向 CSR；（3）以员工为导向 CSR；（4）供应商导向 CSR；（5）客户导向 CSR；（6）股东导向 CSR（El Akremi et al.，2015）。

二、企业社会责任的国内研究

尹钰林等（2010）采用 PRESOR 量表（Singhapakdi et al.，1996），基于国内企业家实施问卷调查，对其企业社会责任认知等进行评估。许晟等（2016）借鉴其他量表（Sriramesh et al.，2013）对中小家族企业中高层管理者展开调查，探索其企业社会责任认知、动机与实践之间的关系并进行实证分析。何显富等（2010）对一组用于测评企业社会责任的量表进行了修正，并实证检验了其在中国情境下的信度与效度。通过因子分析，发现我国情境下企业社会责任量表是由员工责任、产品责任、诚信公正责任、慈善公益责任以及环境责任 5 个维度构成。王静一等（2014）探究企业社会责任活动中消费者感知企业伪善的内涵，揭示企业伪善的构成结构，开发多维度的企业伪善量表并进行严格的信度、效度检验，实证检验其对消费者态度和行为三个层面的影响。

三、研究总结

第一，大多数关于企业社会责任测量的研究集中抽样于管理者和消费者，有关员工对企业社会责任认知的研究较少，目前仅有图尔克（2009）和埃尔·克莱米等（2015）。

第二，大多数研究在欧洲和北美进行衡量，中国等亚洲国家企业社会责任认知的文献甚少（Ramasamy & Yang，2009）。

第三，现有文献一般认为企业社会责任的国外研究具有多维性，然而，量表的维度、维度数量以及项目数目不尽相同，后续的实证研究难以取得一致性结论。

第四，前期研究倾向于测量不同行业企业社会责任的国外研究，一个例外是西班牙移动电话产业的研究（García de los Salmones et al.，2005）。

第五，目前研究企业社会责任的主流方法仍然是实证研究法，其优势在于能够在整体上分析影响因素、经济后果及内在机制。但田野研究法（Field Study）与问卷调查法（Questionare Study）更能深入企业实践，获得的材料和数据更客观真实[①]。

第六，国内企业社会责任的研究测量基本采用国外成熟量表，基于中国国情的自主开发很少。此处，"员工对企业社会责任认知"被定义为专业会计师对会计师事务所从事与社会事业相关的实践活动认知的程度（Lee et al.，2013a）。

---

① 黎文靖. 基于政治干预视角的企业社会责任研究［M］. 大连：东北财经大学出版社，2013.

第三节 实证研究

一、研究设计

(一) 预备性研究

第五章提及过本书的实地调研以及面对面的半结构化访谈，调查方法与麦根和法瑞尔 (2000) 和图尔克 (2009) 一致。调研对象均为国际"四大"所或北京地区排名前 20 位以内的会计师事务所。基于 14 个访谈材料，然后借助 Nvivo11.0 对资料进行了分解、提炼，得出概念，借助主题分析，利用自由节点与树节点功能形成初始范畴与同一类属性的副范畴。通过识别副范畴之间的关系，再次提炼出主范畴与核心范畴。结合对会计师事务所企业社会责任和以往企业社会责任量表的文献综述，根据戴维利斯 (DeVellis, 2016) 量表题项生成规则，得出 26 个项目。这 26 个项目首先由具有企业社会责任研究专长的学者审查，以确定内容的有效性 (Churchill, 1979)。如果在两个项目之间发现重叠，需要将它们合成一个项目。然后，会计师事务所的代表也进行了审查，并调整了个别措辞。最终，企业社会责任量表包含 25 个测量题项，以"强烈不同意"和"非常同意"之间的五等级李克特量表格式提出。

(二) 研究假设

前期文献研究发现，虽然不同时期、不同国家学者对企业社会责任具体结构的划分有所不同，但是得到共同的结论：企业社会责任是一个多维度结构的概念 (Maignan & Ferrell, 2000; Turker, 2009)。本书借助半结构化访谈得到初步结论，并试图通过后续的问卷调查研究来检验。

H1：会计师事务所的企业社会责任由经济责任、法律责任、道德伦理责任与慈善责任组成。首先，经济责任最为重要，企业必须盈利；其次，必须严格遵从法律规定与规范，合法合规地提供服务；除法律责任外，注册会计师行业需强化诚信与职业道德；最后，会计师事务所可以为社会提供一些自愿的慈善活动。

H2：会计师事务所的企业社会责任可以采用多因素模型解释。

卡罗尔 (1979) 提出企业道德责任和法律责任之间可能存在重叠，伦理和法律责任是相互交织的。社会责任也被划分为经济责任、法律 - 伦理责任与慈善责任（García de los Salmones et al.，2005）。注册会计师行业代表最广泛公众利益，一方面，一系列法律与行政法规严格规范其行为，同时，必须按照执业准则与规则提供服务；另一方面，《中国注册会计师职业道德守则》全面规范了注册会计师的职业道德行为，并实现与国际会计师职业道德守则的趋同。会计师事务所势必受到法律与职业道德的双重约束。

H3：会计师事务所的企业社会责任中的法律责任与道德责任有可能相互交织。

在访谈中，多人次高频次谈到行业加班、工作强度、薪资福利待遇、员工流失等问题，图尔克（2009）谈到"对员工的社会责任"，埃尔·克莱米等（2015）提出"员工导向的社会责任"，因此：

H4：会计师事务所的企业社会责任包含对员工的社会责任。

二、数据分析

（一）问卷调查

本书向北京、上海、青岛、成都、杭州、沈阳、珠海等地会计师事务所的从业人员发放包含上述量表的问卷。删除缺失数据后，提取了 175 个可用数据资料。表 6 - 2 提供了受访者的人口统计信息。

表 6 - 2　　　　　　　　　　受访者的人口统计信息（n = 175）

项目	类别	统计数据（占比）
性别	男性	63（36%）
	女性	112（64%）
年龄（岁）	最大	52
	最小	22
	平均	30.8
	标准差	7.9
最高学历	博士研究生	1（0.6%）
	硕士研究生	36（20.5%）
	本科	133（76%）
	其他	5（2.9%）

续表

项目	类别	统计数据（占比）
是否任职四大	是	60（34.3%）
	否	115（63.7%）

（二）无反应偏差测试

所有问卷回答根据到达日期分为两组（即早期和晚期答复者），并进行了许多组间测试以检查无反应偏差（Armstrong & Overton，1977）。t 检验显示各组在年龄方面没有差异（$t = 1.109$，$df = 173$，$p = 0.269$），卡方检验表明组之间性别没有显著差异（$\chi^2 = 0.173$，$df = 1$，$p = 0.678$）。一系列 t 检验确定两组之间存在量表项目得分的显著差异。这些研究结果表明，无反应偏差未能影响这项研究的有效性。

（三）探索性因子分析（EFA）

本书探索量表因子结构使用了两个统计数据，以检查探索性因子分析（EFA）的适宜性：KMO 值（0.934）超过临界值 0.5，被认为是非常令人满意的（Hutcheson & Sofroniou，1999）；Bartlett 球度检测具有统计学意义（$\chi^2 = 5451.317$，$df = 300$，$p = 0.001$），表明变量之间的相关性显著不等于零。接下来，对数据进行主成分分析，以计算特征值分解和选择解释度最高可能的方差因子。然后，使用三种方法，包括特征值大于 1 的规则、陡坡图测试和平行分析（PA）程序确定了要提取的三个因素。最后，进行斜交转轴旋转以改善 EFA 结果的解释。EFA 结果如表 6-3 所示，旋转因子载荷模式矩阵识别具有大于 0.5 因子载荷的 21 个项目，没有显示交叉载荷的项目。舍弃因子负荷小于 0.5 的四个项目（即项目 7，15，18 和 23）（Hair et al.，2010），EFA 确定了解释总方差 76.75% 的三个因素。考虑到与道德法律责任因素有关的 11 个项目，再次实施了 EFA，但未能确定这两个因素的任何子层次结构。

此外，计算差异膨胀因子（VIF）以评估来自 EFA 项目之间的多重共线性，VIF 值为 10 或更高被广泛用于指示高度多重线性（Hair et al.，2010）。本书中的 VIF 值范围为 1.447~4.164，表明没有多重共线性。

表 6-3　　　　　　　　EFA 模式企业社会责任因子载荷矩阵

	因子1	因子2	因子3
因子1：道德法律责任（Ethical - legal responsibility）			
1. 会计师事务所应加强诚信建设。	0.891		

续表

	因子 1	因子 2	因子 3
因子 1：道德法律责任（Ethical – legal responsibility）			
2. 会计师事务所从业人员应该把本职工作做好，保证执业质量。	0.871		
3. 会计从业人员应该坚守职业道德底线。	0.802		
4. 会计从业人员应该严格遵守政府相关法律法规，并严格按照审计准则来办事。	0.784		
5. 会计从业人员应该始终坚持"独立、客观、公正"的执业理念，维护公众利益。	0.717		
6. 会计师事务所不应该因为短期的经济利益而牺牲自己的社会责任。	0.653		
20. 会计师事务所应尊重客户隐私、保护客户信息。	0.712		
21. 会计从业人员不应参与贪污、贿赂行为。	0.923		
22. 会计师事务所应依法纳税。	0.834		
24. 会计师事务所应在合法基础上为客户提供优质服务。	0.900		
25. 会计师事务所应不断扩展为客户服务的领域，不断提升客户服务的方式和方法。	0.841		
因子 2：慈善责任（Philanthropic responsibility）			
16. 会计师事务所应积极开展公益审计。		0.665	
17. 会计师事务所应支持和参与爱护环境的实际行动（譬如植树等）。		0.839	
19. 会计师事务所应开展捐资助学活动（譬如希望工程和支教活动）。		0.842	
因子 3：人文责任（Humanistic responsibility）			
8. 会计师事务所应保障员工福利待遇，比如将"五险一金"发放到位。			0.629
9. 会计师事务所应重视和解决延时加班问题。			0.874
10. 会计师事务所应建立合理的薪酬体系。			0.833
11. 会计师事务所应及时足额发放工资。			0.633
12. 会计师事务所应为员工提供健康安全的工作环境。			0.759
13. 会计师事务所应制定完善保障员工健康安全的具体措施。			0.699
14. 会计师事务所应发挥行业在保就业、保增长中的积极作用。			0.721

（四）验证性因素分析（CFA）

本书实施 CFA 以确认量表的因子结构。为了比较，通过 AMOS 创建和测试两个模型（Arbuckle, 2006）（见表6-4）。模型 I 是一个单因素模型，所有的量表项目被认为属于一个维度；模型 I 未能提供对数据的良好拟合（$\chi^2/df = 5.356$，$df = 172$，$\chi^2 = 921.193$，$GFI = 0.615$，$NFI = 0.803$，$CFI = 0.832$，$RMSEA = 0.158$，$SRMR = 0.0727$）。模型 II 是来自 EFA 的三因素模型，它提供了对数据（$\chi^2/df = 2.722$，$df = 169$，$\chi^2 = 459.949$，$GFI = 0.905$，$NFI = 0.902$，$CFI = 0.935$，$RMSEA = 0.069$，$SRMR = 0.0467$）的良好拟合。结果显示，模型 II 优于模型 I，从而确认量表的三因素结构。

表6-4　　　　　　　　　　　　　CFA 模型拟合统计

	模型 I	模型 II	截止值
χ^2	921.193	459.949	
df	172	169	
χ^2/df	5.356	2.722	$<=3$（Kline, 2005）
GFI	0.615	0.905	>0.90（Jöreskog & Sörbom, 1996）
NFI	0.803	0.902	>0.90（Hu & Bentler, 1999）
CFI	0.832	0.935	>0.90（Hoe, 2008）
$RMSEA$	0.158	0.069	<0.07（Steiger, 2007）
$SRMR$	0.0727	0.0467	<0.08（Hu & Bentler, 1999）

（五）信度检验

为了评估量表的心理特性，采用内部一致性信度和结构效度进行检查（Churchill, 1979），使用 Cronbach 的 α 系数评价内部一致性信度。道德法律责任、慈善责任与人文责任三个因素的 α 系数分别为 0.87、0.85、0.85，21 个项目的总体信度为 0.87，三个因素的所有系数都超过农纳利（Nunnally, 1978）推荐的截止值 0.70。前期文献研究结果为：对社会与非社会利益相关者、员工、客户与政府责任的 α 系数分别为 0.8915、0.8836、0.8554、0.9279（Turker, 2009），经济责任、法律-伦理责任、慈善责任的 α 系数分别为 0.74、0.75、0.73（García de los Salmones et al., 2005）。与之相比，本量表总体信度水平较高。雷维尔（Revelle, 1979）的 β 系数别为：伦理法律责任（$\beta = 0.83$），慈善责任（$\beta = 0.71$）和人文责任（$\beta = 0.82$）。所有 β 系数都超过推荐的临界值 0.50。由此，三因素量表证明了良好的信度。

（六）结构效度检验

本书使用平均析出方差（AVE）评估聚合有效性，进而判别量表构造的有效性。如表 6 – 5 所示，三个因素的 AVE 值分别为 0.719、0.679 和 0.766，所有这些都满足常规阈值 0.50（Hulland，1999）。在以往开发的量表中，社区导向、自然环境导向、供应商导向、员工导向、客户导向与股东导向六个维度的 AVE 处于 0.49 ~ 0.61 区间，平均值为 0.55（El Akremi et al.，2015）。因此，本量表具有良好的聚合效度。此外，通过比较 AVE 的平方根与因子之间的相关性来评估量表的区分有效性，AVE 的平方根应当大于因子之间的相关性，使得潜在结构可以"解释项目测量中的更多方差而不是与另一结构共享"（Hair et al.，2010）。AVE 的所有平方根均超过它们各自的相关性，提供了区分有效性的良好证据。总体来说，量表显示出良好的构造有效性。

表 6 – 5   聚合与区分效度

	相关系数	相关系数	AVE	AVE 的平方根
因子 1：道德法律责任			0.719	0.848
因子 2：慈善责任	0.469**		0.679	0.824
因子 3：人文责任	0.492**	0.400*	0.766	0.875

注：** 表示 $p < 0.01$ 时显著，* 表示 $p < 0.05$ 时显著。

三、结果讨论

（一）研究发现

第一，EFA 和 CFA 结果表明，企业社会责任量表不是一个单因素结构，而是三因素结构，支持假设 H2。

第二，本书最终确定的企业社会责任量表（如图 6 – 1）包含 21 个项目，描述了三个维度：（1）道德法律责任；（2）慈善责任；（3）人文责任。并没有完全支持假设 H1。经济责任是现有文献中广泛使用的维度（Carrol，1979；Maignan & Ferrell，2003；Alvarado – Herrera et al.，2015），而且在前期的访谈中也得到了令人满意的回应，但在员工视角的研究环境中几乎不被认可，体现出当前中国会计师事务所员工特别的企业社会责任认知结构，这回应了刘云（2014）的研究结论：公司在经济方面的责任对员工的信念和行为不具有显著的影响。由此表明，一方面，企业社会责任特征取决于研究情境（例如本研究的中国会计师事务所员工认知的视角）；另一方面，与在不同行业和国家测量企业社会责任的通用研究工具相比（文献回顾的研究倾向于测量行业企业社会责任（Turker，2009），但对西班牙移动电话产业的研究是一个例外（García de los Salmones et al.，2005）），利基量表可以更充分地反映出特定研究环境中的企业社会责任维度和特征。

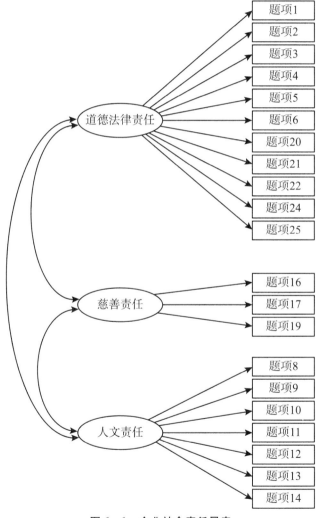

图6-1 企业社会责任量表

第三，EFA 对道德法律责任项目未能确定任何次级因素，表明所有项目被视为一个总体层面的综合部分。由此支持假设 H3。这一发现具有重要意义，因为它为卡罗尔（1979）的观点提供了实证支持，即道德和法律责任之间可能存在重叠，不能在会计师事务所明确分离。道德法律责任方面涉及遵守职业道德原则、遵守会计准则以及根据法律法规提供审计服务，这种基本责任反映了注册会计师职业的社会义务：以符合道德的方式为公众利益服务（Dellaportas & Davenport，2008）。首先，道德法律责任的多项目层面反映出中国目前复杂的多元监管环境，会计师事务所受财政部、证监会、证监局、银行间交易商协会、股转系统、审计部、中国注册会计师协会等各级监管机构监督检查。日益严格的监管环境驱使其将履行责任落实至法律法规层面。访谈者曾说道，"事务所披露报告时应区分自己最大的社会责任是什么，如果一家事务所虽然捐款了不少，但是今年如果被注协批评、惩罚，那就全盘否定了，不能在小的事情彰显自己，但自己大的责任没履行到位。"其次，注册会计师行业的职业特性决定了会计准则、审计准则等一系列准则、规则一直与行业相伴，诚信、公正、团队合作等行业最重要的价值观与职业理念已形成广泛认知。"我觉得最重要的是，始终坚持'独立、客观、公正'的执业理念，维护公众利益……其次，遵纪守法，诚信经营，比如，不能出具虚假不实的审计意见，不从事腐败、贿赂行为，遵守公平竞争原则……""严格按照我们的职业道德准则来执业，严格按照审计准则来办事，我觉得这是最起码的责任。"这些内容都体现出本行业企业社会责任特有的认知内容。

第四，慈善责任方面关注的是通过自愿性工作促进社会的改善，这一发现与现有文献相一致（Carroll，1979；Maignan，2001；Maignan & Ferrell，2003；García de los Salmones et al.，2005）。特别是本土会计师事务所官网提及的企业社会责任多集中于捐款救灾、希望工程等活动，其实他们可以而且应该有效地利用自身的专业技能来扩大企业社会责任工作的范围，例如非营利组织的无偿审计等。

第五，量表确定了"人文责任"，这里将其定义为会计师事务所保护和促进员工福利，支持假设H4。但是，这里的人文责任与图尔克（2009）报告的"对员工的社会责任"维度、阿诺德和韦塞拉斯基（Arnaud & Wasieleski，2014）提出的"企业人文责任"等有所不同，本书的人文责任与员工的基本权利相关，例如，提供健康和安全工作环境，按时、足额支付工资，建立合理的工资制度。近年来，我国大、中、小型会计师事务所均面临人才流失的困境，一方面，审计服务的特殊性带来较大的工作强度与较高的风险水平，而且随着监管环境日益严峻，风险程度随之增加；另一方面，行业低价竞争激烈，注册会计师服务收费与专业水平不相匹配。构成人文责任的七个项目在某种程度上反映了我国注册会计师行业长期存在的员工权利保护问题。充分认识到现阶段必须把人文责任作为我国企业社会责任的一部分，具有重要意义。此外，人文责任及其相关项目首次在本书中得到开发与验证，而它并没有出现在其他企业社会责任量表中。

（二）实践意义

本书开发的量表可以用于评估和检测中国会计师事务所企业社会责任实践。会计师事务所企业社会责任管理人员可以有效地使用量表中的题项衡量标准来评估员工对企业自身社会责任的认识；也可以用于评估会计师事务所实施企业社会责任战略的有效性；所获得的定量数据还可用于将会计师事务所员工分类为不同的组别，这可以帮助会计师事务所有效地将企业社会责任的范围和细节与目标员工进行沟通。员工对公司实施企业社会责任活动的正面认识导致员工敬业度的提高、工作满意度的提高以及企业绩效的提高（Lee et al.，2013a）。此外，许多员工选择为具有社会责任感的公司工作，因为他们相信这些公司为个人成长提供了更多的机会（Bhattacharya et al.，2008）。

该量表稍作修改后，也可以交给外部利益相关者（例如客户、公众、政府机构和非政府组织），以探讨他们对会计师事务所 CSR 的看法，分别从外部利益相关者与内部员工收集的数据可以提供会计师事务所 CSR 全貌，以便更好地制定 CSR 战略以响应关键利益相关者的需求。

第七章

研究结论与展望

第一节　研究结论

　　党的十八届三中全会将社会责任提升为国有企业改革的六大重点之一，体现出党中央对于国企履行社会责任的高度重视。十八届四中全会明确提出将"社会责任立法"作为依法治国的一项重要任务。2015 年 6 月 2 日，国家质检总局、国家标准委联合发布了 2015 年中国国家标准第 19 号公告，宣布社会责任国家标准——《社会责任指南》（GB/T 36000 - 2015，简称国标 36000）自 2016 年 1 月 1 日正式实施。同时发布的还有与之相配套的《社会责任报告编写指南》和《社会责任绩效分类指引》。国标 36000 对社会责任的定义是这样描述的：组织应该将社会和环境因素纳入其决策与活动之中，并为其既透明又合乎道德的决策与活动对社会和环境的影响担当责任。这跟社会责任国际标准 ISO26000 的定义是一致的。也就是说，不管是政府组织还是非政府组织，不管是事业单位还是企业单位，不管是国有企业还是私有企业，都是社会责任的主体，都必须为自己的决策与活动对社会和环境带来的影响承担责任。每一个工作在组织里，生活在社会上的人，都与社会责任息息相关。

　　2017 年 10 月 18 日，习近平同志在中国共产党第十九次全国代表大会上所作的报告中指出，经过长期努力，中国特色社会主义进入新时代，"我国社会主要矛盾已经转化为人民日益增长的美好生活需要和不平衡不充分的发展之间的矛盾。""……推进诚信建设和志愿服务制度化，强化社会责任意识、规则意识、奉献意识……"。今后，我国社会发展既要做到让当代人的利益诉求与期望得到满足和平衡，还要寻求当代与后代的满足和平衡；既追求经济社会环境总体上的协调发展，还要兼顾绝大多数社会个体的生活品质的同步提升；经济发展不是简单地把发展速度从高速降到中高速，也不仅仅是经济结构的优化，还要顾及经济发展真正地有利于人民生活品质的普遍提升，更能均衡地惠及大多数人群。新阶段经济发展的本质必须是追求更高质量、更加公平和更可持续的经济发展，我国正步入人人讲责、重责、履责的"全民社会责任"的新时代①。

为了更好地向社会公众宣传和展示注册会计师行业履行社会责任的情况，进一步提升行业的社会形象，中国注册会计师协会在2016年4月委托普华永道会计师事务所承担《中国注册会计师行业社会责任报告》的调研和编写工作，注册会计师行业正在积极响应与探索企业社会责任发展变化的新趋势。本书试图从会计师事务所这一特殊组织形式的视角探讨实施企业社会责任行为的动因以及企业社会责任行为的基本特征及其蕴含的理论与实践意义。围绕这个核心，本书依次研究三个主题：会计师事务所实施企业社会责任的现状与主要实践内容；会计师事务所实施企业社会责任行为的驱动因素；会计师事务所企业社会责任行为的内涵特征。本书主要以国内大型会计师事务所（排名50位之前）为研究对象，得到的主要结论如下：

（一）在我国企业社会责任披露水平整体提升的大背景下，注册会计师行业社会责任披露比例偏低，水平参差不齐，缺乏统一标准

从我国企业社会责任报告数量来看，中国百强企业（N100公司）社会责任报告的发布率逐渐增加，2011年、2013年、2015年的发布率分别为59%、75%、78%，逐渐赶上2015年全球社会责任73%的发布率的趋势；从社会责任报告的质量来看，毕马威调查对象为全球按收入排名的250家企业（G250公司），调查结果显示中国企业为42分（满分100分），与美洲地区、欧洲地区还有较大的差距；从碳排放报告质量来看，作为世界最大的排放国，中国企业碳排放报告质量为10分（满分100分），远远低于全球51分的平均水平，G250公司中的中国公司仅有3%的企业设定了减排目标。此外，中国企业参照GRI标准撰写的社会责任报告由2013年的75%提高到81%，且中国企业主动进行外部鉴证，鉴证率逐年提高。不难看出，不论是基于外部社会、制度环境的要求还是企业对自身合法性地位的保障，中国企业社会责任信息披露正在不断完善，水平和程度也在不断加深。

会计师事务所作为一个特殊的中介服务主体，代表社会公众利益，承担维护国家经济安全的重大责任。然而，截至2016年末，我国注册会计师行业中披露社会责任报告的仅有毕马威华振、普华永道中天、德勤华永三家中国成员所。主要原因有三：一是由于我国对企业社会责任信息披露并没有具体的法律法规要求，没有制度层面的强制性约束，会计师事务所社会责任的实践与信息披露缺乏外在压力；二是我国会计师事务所目前仍主要以传统审计业务为主，短期效益与

---

① http://www.csr-china.net/a/zixun/zhengce/csrzczy/2015/0722/3296.html.

外在监管的压力使得企业将更多的注意力放在业务拓展与客户维系上面，没有充分考虑长期的品牌效应与社会声誉，也没有把内在可持续发展的需求和动力与企业社会责任联系起来；三是许多会计师事务所对企业社会责任尚未形成统一认识，没有形成企业社会责任发展战略，也未将战略付诸企业社会责任管理实践中。虽然一部分会计师事务所也有相应的社会责任实践活动，比如积极参与社区活动，慈善捐助等公益事业，如在5·12汶川地震时，注册会计师行业通过多种途径积极向灾区捐款，一些会计师事务所援建希望小学等，但是大多数会计师事务所对企业社会责任的认识比较单一，披露重点集中于社区责任与员工责任，实践活动主要关注社区建设与员工业余活动及培训，没有系统、详细地按照国际或国家标准披露社会责任信息，更未将其作为一种向社会公众和其他利益相关者传播良好企业形象的沟通平台，没有认识到企业社会责任信息披露已经成为企业社会责任战略的重要组成部分，企业社会责任战略与商业经营战略、企业品牌战略和企业文化建设必须高度融合。而与之形成鲜明对照的是，一些国际"四大"会计师事务所借助企业基金会平台，通过一系列针对利益相关者的特定项目、计划与活动，不断强化、巩固其行业及地区的地位及号召力，积极参与有利于自身发展的全球性、区域性、地区性行业竞争规则以及相关法规法则的制定或改变，努力成为引领时代变革的中坚力量，打造拓展业务实施的"朋友圈"；同时将企业社会责任与企业文化相融合，建立与发展学习、创新型组织，致力于吸纳、维系高素质的行业中高端人才，构筑自身的可持续竞争力。

（二）现阶段驱动会计师事务所实践企业社会责任的首要因素仍然是经济利益，其次是合法性因素与伦理道德因素，三者共同发挥作用

从业务范围来看，国内大部分会计师事务所的审计业务比例仍然较高，尽管在政府"做强做大"的战略引导下，会计师事务所的非审计业务有所拓展，但其平均比重不足30%，传统的审计业务仍旧是主要的收入来源。同质的审计市场竞争激烈，在招投标政策、轮换制度、审计收费办法等相关政策影响下，虽然行业监管层将低价竞争一直作为监管重点，但是不正当低价竞争依然存在，整个行业的收入增长率逐年下降，行业毛利润率较低。因此，企业社会责任行为易受经济利益驱动，遵循"效率机制"①。一些会计师事务所将企业社会责任实践视为一种成本投入，将企业社会责任行为看作是为了获得预期收入的一种行为方式。所以在访谈中出现了一些消极的表达。

近年来，我国注册会计师行业的制度环境压力与监管力度逐渐加大。从政府

---

①　薛天山．企业社会责任的动力机制研究［J］．软科学，2016，30（8）：89．

角度看，2009 年 10 月，《关于加快发展我国注册会计师行业的若干意见》的发布对促进注册会计师行业的发展产生了深远的影响，鼓励行业不断开拓市场、提升执业质量以获得品牌效应，尤其是要求将非营利组织纳入审计范围，更强化了企业的社会责任。此后，财政部不仅陆续制定了十几项相关的管理制度、完善行业的制度体系、提高行业的法律环境管理与责任，而且积极修订《注册会计师法》，取消有限责任公司制，提倡普通合伙和特殊普通合伙，提高了会计师事务所的内部治理和责任意识。2012 年，国家领导人对行业也做出"紧紧抓住服务国家建设这个主题和诚信建设这个主线"的重要批示，使得行业的监管力度与管理更加严格、规范。从行业角度看，具有注册会计师行业监管职能的中国注册会计师协会近年来为加强行业诚信建设和事务所执业质量做了不少工作。中国注册会计师协会在 2002 年发布《注册会计师诚信建设纲要》，在 2004 年发布《中国注册会计师协会会员诚信档案管理暂行办法》，以制度建设加强行业诚信建设。2007 年 5 月，中国注册会计师协会发布《关于推动会计师事务所做大做强的意见》以及《会计师事务所内部治理指南》，为会计师事务所的发展壮大给予了有效的指引与保障。2014 年，中国注册会计师协会修订了事务所综合评价指标，严格要求事务所的执业质量，《2015 年会计师事务所综合评价及前百家信息情况分析》中出现了"受处罚情况"。2012 年 5 月 2 日，《中外合作会计师事务所本土化转制方案》的发布为"四大"中外合作所的在华持续经营提供了指南，也响应了本土化转制的目标。企业所处的外部环境尤其是制度环境的变化会驱使企业受到实效合法性的压力，使得企业不得不表现出与制度环境的规则相符的行为，这是企业必须承担的责任义务。萨奇曼（Suchman，1995）对合法性进行了划分，即实效合法性、道德合法性、认知合法性。实效合法性是基于企业自身利益的考虑，遵守制度层面的合法性；道德合法性是指社会公众对企业的道德行为的判断，强调企业的道德规范，即社会政治合法性；认知合法性强调的是企业自身和行为为社会所认可与普遍接受①。这三个层次解释了在不同利益相关者和发展时期社会责任信息的披露动机。这里，伦理道德与合法性已然交织在一起。

　　会计师事务所所处的外部竞争环境与监管环境使企业感受到经济利益与合法性的压力，但是不同的会计师事务所做出的反应并不一致。比如，同样是经济利益驱动，一些事务所将履行企业社会责任看作是一种商业趋势，将其与企业商业运营相结合；而一些事务所出于提升形象与品牌，期待获得长期利润。此外，有的国际"四大"会计师事务所对合法性的认识不再是简单地追求制度上的合法性，而是渐渐上升到道德合法性和认知合法性的层次。比如：毕马威将自己定位

---

① Suchman M. C.. Managing Legitimacy: Strategic and Institutional Approaches [J]. Academy of Management Review, 1995, 20 (3): 571 – 610.

于企业公民,在遵守最基本的制度规范时,也注重对其他方面的社会契约的履行,特别是道德规范,将社会责任的重点放在与社会环境有关的教育、灌能与环境上。合法性已并非单一的制度规范的合法性,更是将社会价值体系与企业价值相整合的道德合法性与认知合法性,由此实施企业社会责任战略,但这种领先的"示范效应"在注册会计师行业并未显著驱动同行间实施企业社会责任的模仿行为,企业社会责任实践扩散程度较低,这说明场域内企业社会责任的商业氛围现阶段尚未建立起来;同时,通过模仿其他企业并不能确定是否能够获得预期的合法性,是否必然得到公众的认可,这些与行业的竞争环境、客户与社会公众的认知水平等密切相关。

诚信建设成为注册会计师行业的基石[①],受访者认同独立、客观、公正的执业理念与严格执行职业道德规范,并将其作为行业基本的社会责任,同时将诚信建设与维护股东、员工、社会公众与政府的利益作为履行社会责任的基本行为。国际"四大"会计师事务所不局限于企业社会责任行为与实践层面,而是逐步把履行企业社会责任的过程内化于组织管理中,形成责任文化,从而进入战略责任—全面责任文化的新阶段。

(三) 会计师事务所企业社会责任在员工认知视角下包含道德法律责任、慈善责任与人文责任,未包括经济责任

无论是卡罗尔的金字塔模型,还是埃尔金顿的三重底线理论,经济责任是目前企业社会责任内容中最重要,也是最基本的责任,本书第二章中均有详细论述。经济责任在企业社会责任量表中也是被广泛采用的维度之一,但大多数量表的"经济责任"题项在本书研究中未获支持。

众所周知,企业生存的基础是获得经济利益,只有获得财务效益才能在市场上立足,而企业的基本经济责任不能显著影响员工的认知与行为。与此相对照的是,员工更看重"人文责任",这里的"人文责任"超越了西方对企业社会责任的理解,强调中国企业社会责任展现出的独特特征 (Moon & Shen,2010)[②]。目前,我国注册会计师行业工作强度较大,特别在年审期间,加班加点、出差频繁,延长工作时间现象比较普遍。鉴于注册会计师行业的工作压力、日益增加的执业风险,以及员工薪酬差强人意,30~40 岁年龄层的合伙人占比逐年下降,中青年骨干人员多转向金融机构与大型国企集团,行业后备军匮乏。处在中年(40 岁以上) 的合伙人依旧是中坚力量,占绝对比重,达到 90% 左右,人才老龄

---

① http://www.cicpa.org.cn/news/201601/t20160107_48054.html.

② Moon J., Shen X.. CSR in China research: salience, focus and nature [J]. Journal of Business Ethics, 2010 (94) 4: 613 – 629.

化较为严重。一些会计师事务所为了争取客户，不惜不正当竞价，人员工资待遇一再压缩，审计质量也难以保证。因此，在员工认知视角下，保障员工福利待遇、健康安全的基本责任超越了经济责任，这与西方并未把这些员工基本权利纳入企业社会责任范畴的认知完全不同。如果企业对外针对外部利益相关者履行社会责任，积极从事捐赠、帮扶济困等慈善行为，以此来提高企业声誉，树立企业形象，但忽略了对内部利益相关者（员工）的责任担当，甚至出现拖欠员工工资、忽视员工的健康安全等现象，员工恐怕会将企业的履责行为视为一种虚伪与伪善，从而得不到员工的信任。感知的企业社会责任会积极影响员工的组织认同感（Glavas & Godwin，2013）。基于依恋理论（Attachment Theory），员工感知到的企业公民精神对于员工的情感、归属感、留任意向和工作积极性有显著正向的作用，因为员工通常对表现出公民精神的组织抱有较强的依恋①。

此外，本书的研究结论支持卡罗尔（Carroll，1979）的观点，即道德责任和法律责任之间可能存在重叠，伦理和法律责任是相互交织的，注册会计师行业表现显著。道德法律责任的多项目层面反映出中国目前复杂的多元监管环境，会计师事务所受财政部、证监会、证监局、银行间交易商协会、股转系统、审计部、中国注册会计师协会等各级监管机构监督检查。日益严格的监管环境驱使其将履行责任落实至法律法规层面。而注册会计师行业的职业特性决定了会计准则、审计准则等一系列准则、规则一直与行业相伴相生，诚信、公正、合作等行业最重要的价值观与职业理念已形成广泛认知。这也显示出本行业企业社会责任认知的特定内容。

第二节　学术意义与实践价值

一、学术意义

第一，本书尝试自主开发并验证中国会计师事务所员工企业社会责任认知的量表，而不是遵循国内大多数文献的做法，直接采用国外成熟量表或者对已有量表进行修正。首次从个体角度探知员工对会计师事务所企业社会责任实践的态度与感知，试图解读组织层面的企业社会责任对个体层面影响的"黑箱"。目前，国内外尚无文献实证研究会计师事务所企业社会责任认知，本研究属于首次探索

① Lin C. P.. Modeling Corporate Citizenship, Organizational Trust and Work Engagement based on Attachment Theory [J]. Journal of Business Ethics, 2010, 94 (4): 517 –531.

性研究，为后续理论研究提供了比较可靠的测量工具，是对当前测量体系的必要补充。

第二，本书试图将定量研究与定性调查做出"整合"。首先，利用 Nvivo 软件进行系统地"量化"分析，在大量表述中获得核心量表题项；其次，严格采用定量研究的一系列步骤，规范研究过程，得出分析结果；最后，将某些特殊的定量研究结果与前期定性资料相互印证，形成定量统计的定性化认知，从而理解特殊情境下企业社会责任认知的维度与特征。

第三，本书在前期研究中，因为注册会计师行业缺乏现成的数据，所以立足实地调研，基于半结构式访谈收集第一手资料，然后系统地识别出驱动会计师事务所实施企业社会责任的重要因素，有利于开拓理论空间。以此为基础，后续研究可以对新的驱动因素、因素的层级关系、各层级因素对企业社会责任的驱动机制等作进一步的研究，具有比较广阔的创新空间。

二、实践价值

国务院办公厅在转发财政部《关于加快发展我国注册会计师行业的若干意见》中指出，进一步发展我国注册会计师事业，对于完善社会主义市场经济体制、促进经济发展方式转变和经济结构调整及维护社会公众利益、市场经济秩序和国家经济信息安全等具有不容忽视的重要意义。国家"十二五"发展规划中，将大力发展包括会计服务（即注册会计师服务）在内的现代服务业作为产业结构优化升级的战略重点。财政部为贯彻落实党的十八届五中全会和"十三五"规划纲要精神，2017 年 1 月发布了《中国注册会计师行业发展规划（2016 ~ 2020年）》，科学指导和全面推进注册会计师行业"十三五"期间持续健康发展。那么，如何用系统的战略型企业社会责任观加强会计行业改革的顶层设计，培育会计师事务所的竞争优势，是进一步发展我国会计师事业、实现做大做强战略亟待解决的现实问题。

（一）对会计师事务所的政策建议

1. 重塑自身发展定位，明确可持续发展本质

党的十九大报告指出，我国社会的主要矛盾已经转化为"人民日益增长的美好生活需要"与"不平衡不充分的发展"之间的矛盾，会计师事务所应该从宏观视角把握自身发展所处的时代背景、时代要求，最大限度地考虑如何更好地满足"人民日益增长的美好生活需要"，如何改变自身及所处行业的"不平衡不充分的发展"，并为之采取行动。作为一个经济组织，会计师事务所应重新审视自身存在的理由与发展方向，努力实现"更高质量、更有效率、更加公平、更可持续的发展"，这是发展的终极目标，而"更高质量、更有效率"是指自身发展方式；"更加公平、更可持续的发展"是指发展过程中要充分考虑所涉及的各利益相关方公平，综合考虑经济和社会、环境的协调，因此，会计师事务所需要重新明确自身发展方式，同时确定自身企业社会责任发展的方向，持续提升对社区、员工、供应商、政府等利益相关方的履责绩效，更加重视对员工、社会组织、客户、政府等利益相关方履责。

2. 重视利益相关者需求，构建企业社会资本

按照契约理论，企业是利益相关者之间缔结的一系列契约的载体。会计师事务所在为社会创造财富的同时，积极履行社会责任，实际上就是顺应利益相关者需求的行动反映，是满足利益相关者需求的过程。企业需要端正"利己观"，在满足员工、客户、公众团体、政府等内外部利益相关者的各种诉求的基础上，把对于利益相关方关系的管理纳入利益相关方参与决策的视角，构建长期稳固的良好关系，以便获得利益相关者从各自立场出发的积极评价，从而得到他们的有效支持，以此维护与提高会计师事务所的声誉，创建自身的品牌效应，构建独有的或独享的社会资本，获取和保持足以维持利益相关方尊重和忠诚的社会资本。建构社会资本的社会责任目标从实质上扩展了会计师事务所获得有价值和稀缺的社会资源的途径。这种基于企业社会责任基础上的社会资本首先可以通过市场网络获得专业化信息、行业知识与同行信任，有助于降低交易成本，减少因信息不对称或不完全所带来的风险和不确定性。其次通过社会资本影响直接决策者的决策，特别是当政府机构掌握大量资源分配权力时，与政府行政体制等重要利益相关者的关系互动可以获得更多的信息与机会。此外，基于组织成员及组织间信任关系和共同规范与价值观基础上的内部社会资本有利于保证职工质量，增强企业创新能力，这对于会计师事务所尤其重要。

3. 实施企业社会责任战略管理，构造责任竞争优势

目前，企业需要走出过往过于优厚的国内生存发展条件下养成的小生产者意识（只为自己、为家庭谋划、追求家庭经济利益最大化），习惯性拼价格的小贩思维、快钱暴利情结、社会冷漠、环境漠视及"惰性困境"，应着重考量人类需求、经济发展优先性与社会、生态可持续性之间的平衡，在理念、政策、实践及标准体系等层面促进企业与利益相关方之间的关系更加和谐，从而与更广泛的利益相关方共同创造和分享长远的精神性价值。把企业社会责任融入到日常经营的过程当中，将其视为企业战略和竞争力的重要组成部分，已经被视为企业生存和可持续发展的重要前提。企业运用自身的专业优势解决社会、环境和员工等方面的问题，使得企业履行社会责任的同时，实质上获得了企业责任竞争力，在经济效益得以提升的同时，企业的责任竞争力同步得到增强。将社会责任转化为竞争优势必须通过企业社会责任的战略管理，从制度设计、治理组织结构上加以保证，使企业社会责任战略成为企业发展战略的重要组成部分。据统计，在世界100强企业中，有72%设有基金会。2011年底，国内仅有6家企业建立了自己的公益基金会。2017年，在中国基金会中心网公示的企业基金会已达到743家。企业以基金会形式从事慈善公益活动，可以避免许多企业捐赠所产生的问题，并从被动的、临时的、随意的、以突发事件为主的捐助走向主动的、长期的、独立的、系统性的、有规划的捐助，从而将慈善公益活动纳入企业社会责任战略体系之中。通过实施企业社会责任战略管理，在实现企业社会责任的同时，又可以在未来市场中占得先机，保持可持续发展。

（二）对政府的政策建议

政府是我国社会中最有影响力的机构，它对企业社会责任实践具有决定性影响。在完善各种法律法规等刚性约束性规制的基础上，应出台更多鼓励性政策措施，推动会计师事务所提高披露企业社会责任信息的数量与质量。

从2009年开始，国务院、财政部出台了一系列制度、法律体系等文件，进一步规范与促进我国注册会计师行业的发展。但是，单纯注重法律、规定的强制力，囿于法律自身与执行的局限性，实施效果难以达到预期。政府与注册会计师行业协会应积极行使其既监督又引导的作用，不仅加强行业自律，严格执行准则要求，而且需要通过经济手段奖励、支持会计师事务所承担社会责任。比如通过市场准入、项目招投标资格管理、税费（会员费）减免、政府专项补助、政府表彰、综合评价加分等一系列措施，激励会计师事务所实践企业社会责任，提升其竞争优势。这是尊重其经济利益，充分理解注册会计师行业现实环境的做法。

（三）对行业协会的政策建议

中国注册会计师协会作为行业协会，需要完善并制订适合我国国情的会计师事务所企业社会责任披露标准，强化信息披露意识，推动会计师事务所完成社会责任披露的规范化和体系化。同时，中国注册会计师协会有必要加强对整个行业企业社会责任的宣传教育，提升企业社会责任舆论宣传的针对性。与西方国家相比，从国内会计师事务所的合伙人到普通员工，他们对企业社会责任的认识尚有较大差距，这主要源于企业社会责任教育的差距。行业协会可以开展专题培训，力图使其转变观念，调整自身行为，响应政府要求，积极与利益相关者互动沟通，负责任的会计师事务所完全可以通过提升自身声誉机制，实施公平机制，在不损害利益相关者利益的基础上，发挥竞争优势，实现可持续发展。同时，定期发布行业企业社会责任报告，和社会大众有效沟通，增加政府、公众对注册会计师职业的理解，提升行业地位，赢得社会对行业的尊重与认同。可以结合行业特色加强对会计师事务所履行社会责任的引导，组织开展形式多样的社会责任跨界交流和沟通，推动本行业企业提升履责水平。另外，发挥领先企业在企业社会责任方面的引领、示范作用，加强不同会计师事务所之间社会责任的沟通交流。

第三节 局限性与未来研究方向

本书为未来的研究提供了三个方向：

第一，本研究使用从会计师事务所员工中收集的数据，假设他们对公司实施企业社会责任活动有良好的了解。然而，光环效应（Nisbett & Wilson，1977）可能存在，而受访者提供不准确的信息：这是研究人员开发 CSR 量表面临的常见问题（Turker，2009；Alvarado-Herrera et al.，2015）。鉴于本研究开始时已经考虑了这个问题，数据收集中强调了所有受访者的保密性和匿名性，因此，可以认为受访者能提供准确的信息，光环效应在调查结果中发挥最小的作用。然而，员工尽管作为主要利益相关者，但"并不是唯一能够对企业施加责任，同时他们的福利可以直接受到影响的群体"（Maignan & Ferrell，2000）。调查其他利益相关者是必要的，例如，确定可能存在于公众认知的会计师事务所企业社会责任与职业会计师认知之间的期望差距。

第二，本研究的数据分析没有区分在不同会计师事务所工作的员工对企业社会责任认知的情形。未来的研究可以有效地使用多组分析或聚类分析来识别国际"四大"与国内会计师事务所之间可能存在的企业社会责任认知差异。

第三，利用社会责任人力资源管理（SRHRM）的做法（Shen & Benson，2014），未来的研究可以探讨员工对会计师事务所社会认知的前因和后果。例如，检查会计师事务所使用的沟通策略如何提高员工对企业社会责任活动的看法，员工对企业社会责任的看法如何影响他们的工作态度和行为（比如情感组织承诺、工作满意度、组织公民行为和员工保留），分析个人个性、集体主义和男性气质在注册会计师行业中的影响，等等。

本书采用质性研究与实证研究方法，从会计师事务所的个体探知企业社会责任的深层动机与认知结构，丰富了企业社会责任研究，有助于揭示各企业、各行业之间的真实差异。基于上述结论，对会计师事务所的企业社会责任认知、影响因素等进行实证探析及国际比较，是研究团队下一步所要重点研究的问题。

参 考 文 献

［1］Abbott, W., Monsen, R. J. On the measurement of corporate social respon-sibility: self-reported disclosures as a method of measuring corporate social involvement ［J］. Academy of Management Journal, 1979, 22 (3): 501 –515.

［2］Aerts, W., Cormier, D., Magnan, M. Intra-industry Imitation in Corpo-rate Environmental Reporting: An International Perspective ［J］. Journal of Accounting & Public Policy, 2006, 25 (3): 299 –331.

［3］Alvarado – Herrera A., Bigne E., Aldas – Manzano J., Curras – Perez R. A scale for measuring consumer perceptions of corporate social responsibility following the sustainable development paradigm ［J］. Journal of Business Ethics, 2015, doi: 10. 1007/s10551 –015 –2654 –9.

［4］Arnaud S., Wasieleski, D. M. Corporate humanistic responsibility: social performance through managerial discretion of the HRM ［J］. Journal of Business Ethics, 2014, 120 (3): 313 –334.

［5］Aupperle K. E. An empirical measure of corporate social orientation, in Pres-ton, L. E. (Ed.), Research in Corporate Social Performance and Policy, Green-wich, CT, 1984: 27 –54.

［6］Armstrong J. S., Overton T. S. Estimating nonresponse bias in mail surveys ［J］. Journal of Marketing Research, 1977, 14 (3): 396 –402.

［7］Barnett M. L. Stakeholder Influence Capacity and the Variability of Financial Returns to Corporate Social Responsibility ［J］. Academy of Management Review, 2007, 32 (3) : 794 –816.

［8］Basu. K, Palazzo G. Corporate social responsibility : A process model of sense-making ［J］. Academy of management Review, 2008, 33 (1): 122 –136.

［9］Bhattacharya C. B., Sen S., Korschun D. Using corporate social responsibility to in the war for talent ［J］. Sloan Management Review, 2008, 49 (2): 37 –44.

［10］Bloomfield R., Wilks T. Disclosure Effects in the Laboratory: Liquidity, Depth and the cost of capital? ［J］. The Accounting Review, 2000 (75): 12 –41.

［11］Brickson, S. Organizational Identity Orientation: The Genesis of the Role of the Firm and Distinct Forms of Social Value [J]. Academy of Management Review, 2007, 32 (3): 864 – 888.

[12] Campbell J. L. Institutional Analysis and the Paradox of Corporate Social Responsibility [J]. American Behavioral Scientist, 2006, 49 (7): 925 – 938.

[13] Campbell, J. L. Why would corporations behave in socially responsible ways?: An institutional theory of corporate social responsibility [J]. Academy of Management Review, 2007, 32 (3): 946 – 967.

[14] Carpenter V., E. Feroz. Institutional Theory and Accounting Rule Choice: An Analysis of Four US State Governments' Decisions to Adopt Generally Accepted Accounting Principles [J]. Accounting, Organizations and Society, 2001, (26): 565 – 96.

[15] Carroll A. B. A three-dimensional model of corporate social performance, [J]. Academy of Management Review, 1979 (4): 497 – 505.

[16] Carroll A. B. Social issues in management research: Experts' views, analysis, and commentary [J]. Business & Society, 1994, 3 (1): 5 – 25.

[17] Carroll A. B. Corporate social responsibility: evolution of a definitional construct [J]. Business & Society, 1999, 38 (3): 268 – 295.

[18] Carroll A. B. A commentary and an overview of key questions on corporate social performance measurement [J]. Business & Society, 2000, 39 (4): 466 – 478.

[19] Churchill, G. A. J. A paradigm for developing better measures of marketing constructs [J]. Journal of Marketing Research, 1979, 16 (1): 64 – 73.

[20] David P., Kline S., Dai Y. Corporate social responsibility practices, corporate identity, and purchase intention: a dual-process model [J]. Journal of Public Relations Research, 2005, 17 (3): 291 – 313.

[21] Dahlsrud, A. How corporate social responsibility is defined: an analysis of 37 definitions [J]. Corporate Social Responsibility and Environmental Management, 2008, 15 (1): 1 – 13.

[22] David Woodward, Pam Edwards, Fran Birkin. Some Evidence on Executive Views of Corporate Social Responsibility [J]. British Accounting Review, 2001, 3 (33): 357 – 397.

[23] Davis, K. The case for and against business assumption of social responsibilities [J]. Academy of Management Journal. 1973, 16: 312 – 322.

[24] Dellaportas, S. and Davenport, L. Reflections on the public interest in accounting [J]. Critical Perspectives on Accounting, 2008, 19 (7): 1080 – 1098.

[25] DeVellis. R. F. Scale Development: Theory and Applications [M]. London, SAGE Publications. 2016.

［26］ Dirk Matten, Jerermy Moon. Implicit and Explicit CSR: A Framework for a Comparative Understanding of Corporate Social ［J］. Academy of Management Review, 2008, 33 (2): 404 – 424.

［27］ Dimaggio P. J, Powell W. W. The iron cage revisited: Institutional isomorphism and collective rationality in organizational fields ［J］. American Sociological Review, 1983, 48 (2): 147 – 160.

［28］ Duff A. The corporate social responsibility of UK accounting firms: Meeting Shareholders' Needs? ［M］. London: ICAEW. 2011.

［29］ Duff A. Corporate social responsibility reporting in professional accounting firms. ［J］. The British Accounting Review, 2014, 48 (1).

［30］ Duff A. , Guo, X. The Corporate Social Responsibility of Accounting Firms: The Development of CSR – Related Service Lines, London, ICAEW. 2011.

［31］ Duff A. Corporate social responsibility reporting in professional accounting firms ［J］. The British Accounting Review. 2016, 48 (1): 74 – 86.

［32］ El Akremi, A. , Gond, J. P. , Swaen, V. , De Roeck, K. , Igalens, J. How do employees perceive corporate responsibility? Development and validation of a multidimensional corporate stakeholder responsibility scale ［J］. Journal of Management, 2015, doi: 10. 1177/0149206315569311.

［33］ Flammer. C. Does Corporate Social Responsibility lead to superior financial performance? A regression discontinuity approach. MIT Salon School Management Working Paper.

［34］ Freeman R E, Reed D L. Stockholders and stakeholders: a new perspective on corporate governance ［J］. California Management Review, 1983, (25): 88 – 106.

［35］ Friedman M. The social responsibility of business is to increase its profits ［J］. The New York Times Magazine, 1970 (13): 32 – 33.

［36］ García de los Salmones, M. , Herrero Crespo, A. , Rodríguez del Bosque, I. Influence of corporate social responsibility on loyalty and valuation of services ［J］. Journal of Business Ethics, 2005, 61 (4): 369 – 385.

［37］ Glavas A, Godwin L N. Is the Perception of "Goodness" Good Enough? Exploring the Relationship between PerceivedCorporate Social Responsibility and Employee Organizational Identification ［J］. Journal of Business Ethics, 2013, 114 (1): 15 – 27.

［38］ Gray R. H. , Kouhy, R. and Lavers, S. M. ethodo themes: constructing a research database of social and environ-mental reporting by UK companies ［J］. Accounting Auditing & Accountability Journal, 1995b, 8 (2): 78 – 101.

[39] Greenwood M. Stakeholder engagement: beyond the myth of corporate responsibility [J]. Journal of Business Ethics, 2007, 74 (4): 315－327.

[40] Guthrie J. E. , Parker L. D. Corporate social reporting: a rebuttal o f legitimacy theory [J]. Accounting and Business Research, 1989, 19 (76): 343－352.

[41] Hair J. F. , Black W. C. , Babin B. J. , Anderson R. E. Multivariate Data Analysis: A Global Perspective, Upper Saddle River [M]. New Jersey, Pearson Education. 2010.

[42] Hayek F A. The Corporate in a Democratic Society : In Whose interest ought it and Will it be run? [J]. Business and Society, Middlesex: Penguin, 1969: 225－226.

[43] Heald M. The Social Responsibilities of Business. Cleveland, OH, 1970: The Press of Case Western Reserve University.

[44] Hogner R. H. , Corporate Social Reporting: Eight Decades of Development at U. S. [J]. Steel Research in Corporate Social Performance and Policy, 1982, 4: 243－250.

[45] Hulland J. S. Use of partial least squares (PLS) in strategic management research: a review of four recent studies [J]. Strategic Management Journal, 1999, 20 (4): 195－204.

[46] Husted B. W. , Allen D. B. . Corporate Social Responsibility in the Multinational Enterprise: Strategic and Institutional Approaches [J]. Journal of International Business Studies, 2006, 37 (6): 838－849.

[47] Jones T. M. Corporate social responsibility revisited redefined [J]. California Management Review, 1980, (22): 59－67.

[48] Joseph, E. Corporate Social Responsibility: Delivering the New Agenda [J]. New Economy, 2001, 8 (2): 121－123.

[49] Kolk A. , Margineantu A. Globalisation/regionalisation of accounting firms and their CSR-related services [J]. International Marketing Review, 2009, 26 (4/5): 396－410.

[50] Kunal B. , Guido P. Corporate social responsibility : A process model of sensemaking [J]. The Academy of Management Review, 2008, 33 (1): 122－136.

[51] Lantos G. P. The boundaries of strategic corporate social responsibility [J]. Journal of Consumer Marketing, 2001, 18 (7): 595－630.

[52] Leary, M. R. , Kow alski, R. M. Impression management: a literature review and two component model [J]. Psychological Bulletin, 1990, 107: 34－47.

[53] Lee E. M. , Park S. Y. , Lee H. J. Employee perception of CSR activities:

its antecedents and consequences ［J］. Journal of Business Research, 2013a, 66 (10): 1716 – 1724.

［54］ Levitt T. The Dangers of Social Responsibility ［J］. Harvard Business Review, 1958 (9 – 10): 41 – 45.

［55］ Maignan I. , and Ferrell O. C. Measuring corporate citizenship in two countries: the case of the United States and France ［J］. Journal of Business Ethics, 2000, 23 (3): 283 – 297.

［56］ Maignan I. Consumer perceptions of corporate social responsibility: a cross cultural comparison ［J］. Journal of Business Ethics, 2001, 30 (1): 57 – 73.

［57］ Maignan I. , Ferrell, O. C. Nature of corporate responsibilities: perspectives from American, French, and German consumers ［J］. Journal of Business Research, 2003, 56 (1): 55 – 67.

［58］ Margolis J. D. , J. P. Walsh. Misery Loves Companies: Rethinking Social Initiatives by Business ［J］. Administrative Science Quarterly, 2003, 48 (2) : 268 – 305.

［59］ Matten D. , Crane A. Corporate citizenship: Toward an extended theoretical conceptualization. ［J］. Academy of Management Review, 2005, 30 (2): 166 – 179.

［60］ Matten D. , Moon J. "Implicit" and "Explicit" CSR: A Conceptual Framework for a Comparative Understanding of Corporate Social Responsibility ［J］. Academy of Management Review, 2008, 33 (2): 404 – 424.

［61］ McWilliams A. , D. Siegel. Corporate Social Responsibility and Financial Performance: Correlation or Misspecification ［J］. Strategic Management Journal, 2000, 21 (5): 603 – 609.

［62］ McWilliams A. , Siegel D. S. , Wright, M. Corporate social responsibility: strategic implications ［J］. Journal of Management Studies, 2006, 43 (1): 1 – 18.

［63］ Moon J. , Shen X. CSR in China research: salience, focus and nature ［J］. Journal of Business Ethics, 2010, 94 (4): 613 – 629.

［64］ NAA, Committee on accounting for corporate social performance ［J］. Management Accounting, 1974, 56 (3): 59 – 60.

［65］ O'Dwyer B. managerial perceptions of corporate social disclosure: An Irish Story ［J］. Accounting, Auditing and Accountability Journal, 2002, 15 (3): 406 – 436.

［66］ O'Dwyer B. , Owen D. , Unerman J. Seeking legitimacy for new assurance forms: The case of assurance on CSR-related reporting ［J］. Accounting, Organizations and Society, 2011, 36 (1): 31 – 52.

［67］ Preffer J. Changing mental models: HR's most important task ［J］. Human

Resource Management, 2005, 44: 123 – 128.

[68] Quazi A. M. , O'Brien, D. An empirical test of a cross-national model of cor-
poratesocial responsibility [J]. Journal of Business Ethics, 2000, 25 (1): 33 –51.

[69] Rafeah, Mohamad. An examination of consumer's attitude towards corporate
social responsibility web communication using media richness theory [J]. Procedia –
Social and Behavioral Sciences. 2014, 11: 155 – 163.

[70] Ramasamy B. , Yeung M. Chinese consumers' perception of corporate social
responsibility (CSR) [J]. Journal of Business Ethics, 2009, 88 (1): 119 – 132.

[71] Richard A Johnson, Daniel W Greening. The Effects of Corporate Govern-
ance and Institutional Ownership Tyes on Corporate Social Performance [J]. Academy
of Management Journa, 1999, 5 (42): 564 – 576.

[72] Rupp D. E. , Ganapathi J. , Aguilera R. V. , Williams C. A. Employee re-
actions to corporate social responsibility: an organizational justice framework [J].
Journal of Organizational Behaviour, 2006, 27 (4): 537 –543.

[73] Scherer A. G. , Palazzo G. Toward a political conception of corporate re-
sponsibility: Business and society seen from a habermasian perceptive [J]. Academy of
Management Review, 2007, 32 (4): 1096 –1120.

[74] Schwartz M. S. , Carroll A. B. Corporate Social Responsibility: A Three Do-
main Approach [J]. Business Ethics Quarterly, 2003, 13 (4): 503 –530.

[75] Scott W. R. Institutions and Organizations (2nd ed.)[M]. Thousand Oaks,
CA: Sage, 2001: 21 –22.

[76] Sethi S. P. Dimensions of corporate social performance: an analytical frame-
work [J]. California Management Review, 1975, (17): 58 –64.

[77] Shen J. , Benson J. When CSR is a social norm: how socially responsible
human resource management affects employee work behavior [J]. Journal of Manage-
ment, 2014, doi: 10. 1177/014920631452230.

[78] Simnett R. , Vanstraelen A. , Chua W. F. Assurance on sustainability re-
ports: an international comparison [J]. The Accounting Review, 2009, 84 (3):
937 – 967.

[79] Singh J. , García de los Salmones M. , Rodríguez del Bosque I. Understanding
corporate social responsibility and product perceptions in consumer markets: a cross-cultural
evaluation [J]. Journal of Business Ethics, 2007, 80 (3): 597 –611.

[80] Singhapakdi A. , Vitell S. J. , Rallapalli K. C. , Kraft K. L. The perceived
role of ethics and social responsibility: a scale development [J]. Journal of Business
Ethics, 1996, 15 (11): 1131 –1140.

［81］Stelios C. Zyglidopoulous, Andreas, R. Geogiadis, Craig, E. Carroll, Boaid, S. Siegel. Does media attention drive corporate social responsibility? ［J］. Journal of Business Research, 2012, (65): 1622 – 1627.

［82］Turker D. Measuring corporate social responsibility: a scale development study ［J］. Journal of Business Ethics, 2009, 85 (4): 411 – 427.

［83］Wartick S. L. , Cochran P. L. The Evolution of the Corporate Social Performance Model ［J］. Academic of Management Review, 1985, 10 (4): 758 – 769.

［84］Wood D. J. Corporate social performance revisited ［J］. The Academy of Management Review, 1991a, 16 (4): 691 – 718.

［85］Wood D. J. Social issues management: theory and research incorporate social performance ［J］. Journal of management, 1991b, 17: 383 – 406.

［86］Ying Z. L. , Talha M. , Mohamed J. Corporate social responsibility disclosure and corporate governance in Malaysia ［J］. International Journal of Behavioural Accounting & Finance, 2008, 1 (1).

［87］Zahra S. A. , Oviatt B. M. , Mindyard K. Effects of Corporate Ownership and Board Structure on Corporate Social Responsibility and Financial Performance ［N］. Academy of Management Best Paper Proceedings, 1993. 336 – 340.

［88］Zulkifli N. , Amran A. Realising corporate social responsibility in Malaysia: A view from the accounting profession ［J］. Journal of Corporate Citizenship, 2006, 24: 101 – 114.

［89］阿奇·B·卡罗尔，安·K·巴克霍尔茨. 企业与社会：伦理与利益相关者管理 ［M］. 北京：机械工业出版社，2004.

［90］安静，黄珺. 媒体关注、媒介环境与社会责任信息披露 ［J］. 财会月刊，2016 (6): 8 – 11.

［91］白睿洁. 基于三重底线的林业企业绩效评价研究 ［D］. 北京：北京林业大学，2013.

［92］陈爱明，质的研究方法与社会科学研究 ［M］. 北京：教育科学出版社，2015.

［93］陈宏辉，贾生华. 企业社会责任观的演进与发展：基于综合性社会契约的理解 ［J］. 中国工业经济，2003 (12): 85 – 92.

［94］陈可，李善同. 企业社会责任对财务绩效的影响：关键要素视角 ［J］. 统计研究，2010 (7): 105 – 111.

［95］陈美瑾，企业履行社会责任的驱动因素、项目类型与企业绩效——基于直销企业 CSR 项目的多案例研究 ［D］. 北京：中央民族大学，2017.

［96］陈文婕. 论企业社会责任信息披露影响因素 ［J］. 财经理论与实践，

2010 (4)：97 - 100.

　　[97] 陈伟昌. 企业社会责任相关国际标准的影响——SA8000 与 ISO26000 之比较 [J]. 行政与法, 2011 (6)：114 - 117.

　　[98] 陈智, 徐广成. 中国企业社会责任影响因素研究——基于公司治理视角的实证分析 [J]. 软科学, 2011 (4)：106 - 116.

　　[99] 董进才, 黄玮. 企业社会责任理论研究综述与展望 [J]. 财经论丛, 2011 (1)：112 - 116.

　　[100] 段文, 晁罡, 刘善仕. 国外企业社会责任研究述评 [J]. 华南理工大学学报, 2007 (3)：49 - 55.

　　[101] 冯臻. 企业社会责任内涵研究综述 [J]. 合作经济与科技, 2015 (1)：101 - 103.

　　[102] 高展, 金润圭. 企业社会责任理论研究与拓展 [J]. 管理纵横, 2012 (9)：39 - 42.

　　[103] 龚天平. 企业公民、企业社会责任与企业伦理 [J]. 河南社会科学, 2010 (4)：75 - 78.

　　[104] 郭红玲. 国外企业社会责任与企业财务绩效关联性研究综述 [J]. 绿色经济, 2006 (4)：82 - 86.

　　[105] 郭洪涛. 企业社会责任：制度建构与制度作用 [J]. 统计与决策, 2012 (9)：167 - 171.

　　[106] 何显富, 蒲云, 朱玉霞, 唐春勇, 中国情境下企业社会责任量表的修正与信效度检验 [J]. 软科学, 2010 (12)：106 - 110.

　　[107] 侯怀霞. 企业社会责任的理论基础及其责任边界 [J]. 学习与探索, 2014 (10)：67 - 73.

　　[108] 霍季春, 从 "企业社会责任" 到 "企业公民" [J]. 理论与现代化, 2007 (1)：67 - 70.

　　[109] 姜志华, 沈奇泰松. 我国企业社会责任动因调查 [J]. 合作与科技, 2013 (1)：30 - 32.

　　[110] 珂岩. 我国诞生首个社会责任国家标准——GB/T 36000 - 2015 《社会责任指南》[J]. 上海质量, 2015 (8)：50 - 52.

　　[111] 雷吉娜·巴特, 弗兰齐斯卡·沃尔夫. 企业社会责任在欧洲——现实与梦想 [M]. 武汉：华中科技大学出版社, 2011.

　　[112] 李彬, 谷慧敏, 高伟. 制度压力如何影响企业社会责任：基于旅游企业的实证研究 [J]. 南开管理评论, 2011 (6)：67 - 75.

　　[113] 李国平, 韦晓茜. 企业社会责任内涵、度量与经济后果——基于国外企业社会责任理论的研究综述 [J]. 2014 (8)：33 - 40.

[114] 李国平,张倩倩,周宏.企业社会责任与财务绩效:理论、方法与检验 [J].经济学动态,2014 (6):138-148.

[115] 李萍.从牟利至上到共同发展——中国企业跨国经营的伦理审视 [J].伦理学研究,2016 (2):46-50.

[116] 李伟侠.企业社会责任驱动机理及其实现路径 [D].大连:大连理工大学,2014.

[117] 李伟阳,肖红军.企业社会责任概念探究 [J].经济管理,2008 (21):177-184.

[118] 李伟阳,肖红军.基于社会资源优化配置视角的企业社会责任研究——兼对新古典经济学企业社会责任观的批判 [J].中国工业经济,2009 (4):116-126.

[119] 李彦龙.企业社会责任的基本内涵、理论基础和责任边界 [J].学术交流,2011 (2):64-69.

[120] 李远.会计师事务所社会责任研究——以普华永道事务所为例 [D].杭州:浙江财经大学,2014.

[121] 李正.企业社会责任与企业价值的相关性研究——来自沪市上市公司的经验数据 [J].中国工业经济,2006 (2):77-83.

[122] 李正,向锐.中国企业社会责任信息披露的内容界定、计量方法和现状研究 [J].会计研究,2007 (7):3-11.

[123] 刘云.企业社会责任对员工角色外行为的影响机制 [J].商业经济与管理,2014 (8):37-47.

[124] 马连福,赵颖.上市公司社会责任信息披露影响因素研究 [J].证券市场导报,2007 (3):4-9.

[125] 牛和庆.企业社会责任信息披露影响因素分析 [J].财会通讯,2009 (27):140-142.

[126] 牛松.论西方企业社会责任的发展路径及经验 [J].安徽大学学报 (哲学社会科学版),2011 (5):152-156.

[127] 欧群芳,论会计师事务所社会责任绩效评价指标的构建 [J].商业会计,2012 (15):63-64.

[128] 彭超然,汪琦,盛梦莹,王诗秋.会计师事务所社会责任指标构建研究 [J].中国乡镇企业会计,2015 (5):171-173.

[129] 沈洪涛.21 世纪的公司社会责任思想主流——公司公民研究综述 [J].外国经济与管理,2006 (8):1-9.

[130] 沈洪涛,沈艺峰.公司社会责任思想起源与演变 [M].上海:上海人民出版社,2007.

[131] 沈洪涛:公司特征与公司社会责任信息披露——来自我国上市公司的

经验证据 [J]. 会计研究, 2007 (3): 9 – 16.

[132] 沈洪涛, 公司特征与公司社会责任信息披露——来自我国上市公司的经验证据 [J]. 会计研究, 2007 (3): 9 – 16.

[133] 沈洪涛, 李余晓璐. 我国重污染行业上市公司环境信息披露现状分析 [N]. 证券市场导报, 2010 (6): 51 – 57.

[134] 沈洪涛, 苏亮德. 企业信息披露中的模仿行为研究——基于制度理论的分析 [J]. 南开管理评论, 2012 (3): 82 – 90.

[135] 沈奇泰松, 蔡宁, 孙文文. 制度环境对企业社会责任的驱动机制——基于多案例的探索分析 [J]. 自然辩证法研究. 2012 (2): 113 – 119.

[136] 沈艺峰, 沈洪涛. 论公司社会责任与相关利益者理论的全面结合趋势 [J]. 中国经济问题, 2003 (2): 51 – 60.

[137] 谭宏琳. 公司社会责任对公司治理及绩效影响的实证研究 [J]. 工业技术经济, 2009 7 (28): 152 – 155.

[138] 陶莹, 董大勇. 媒体关注与企业社会责任信息披露关系研究 [J]. 证券市场导报, 2013 (11): 20 – 26.

[139] 王怀明, 宋涛. 我国上市公司社会责任与企业绩效的实证研究——来自上证 180 指数的经验证据 [J]. 南京师大学报, 2007 (2): 58 – 62.

[140] 王静一, 王海忠, 企业社会责任活动中感知伪善的结构与量表开发 [J]. 心理科学进展, 2014 (7): 1075 – 1083.

[141] 王敏, 中小企业社会责任驱动力及其治理机制研究 [D]. 西南交通大学, 2014.

[142] 王倩倩. 组织合法性视角下企业自愿性社会责任信息披露研究 [D]. 沈阳: 辽宁大学, 2013.

[143] 王士红. 所有权性质、高管背景特征与企业社会责任披露——基于中国上市公司的数据 [J]. 会计研究, 2016 (11): 53 – 60.

[144] 王彤彤, 郭新, 汪硕蕾, 会计师事务所的企业社会责任探讨——以普华永道为例 [J]. 财务与会计, 2013 (1): 10 – 12.

[145] 王新新, 杨德锋. 社会责任金字塔模型及其启示 [J]. 企业研究, 2007 (2): 28 – 31.

[146] 王增涛, 杨雪艳. 规模对跨国企业在华社会责任行为的影响研究 [J]. 财政研究, 2010 (10): 46 – 48.

[147] 温素彬, 方苑. 企业社会责任与财务绩效关系的实证研究——利益相关者视角的面板数据分析 [J]. 中国工业经济, 2008 (10): 150 – 160.

[148] 肖红军, 张俊生, 曾亚敏. 资本市场对公司社会责任事件的惩戒效应——基于富士通公司员工自杀事件的研究 [J]. 中国工业经济, 2010 (8):

118 – 128.

　[149] 辛杰. 非正式制度、文化传统与企业社会责任 [J]. 商业经济与管理, 2014 (9): 25 – 33.

　[150] 徐尚昆, 杨汝岱. 企业社会责任概念范畴的归纳性分析 [J]. 中国工业经济, 2007 (5): 71 – 79.

　[151] 许晟, 余明阳, 薛可, 周光. 中小家族企业社会责任认知与实践的实证研究 [J]. 管理学报, 2016 (12): 1859 – 1865.

　[152] 殷红, 杜彦宾. 会计师事务所社会责任信息披露内容及方式剖析——来自会计师事务所综合评价前百强的证据 [J]. 财会月刊, 2016 (29): 82 – 85.

　[153] 杨汉明, 邓启稳. 国有企业社会责任与业绩研究——基于可持续增长视角 [J]. 中南财经政法大学学报, 2011 (1): 120 – 127.

　[154] 杨汉明, 吴丹红. 企业社会责任信息披露的制度动因及路径选择——基于"制度同形"的分析框架 [J]. 中南财经政法大学学报, 2015 (1): 55 – 62.

　[155] 杨雪艳, 王增涛. 企业社会责任理论文献综述 [J]. 企业管理, 2009 (4): 57 – 58.

　[156] 杨熠, 沈洪涛. 我国公司社会责任与财务业绩关系的实证研究 [J]. 暨南学报, 2008 (6): 60 – 68.

　[157] 尹倩. 基于约翰·埃尔金顿 "三重底线理论" 浅谈 CSR 对企业永续发展的影响 [J]. 东方企业文化, 2014 (4): 193 – 194.

　[158] 尹钰林, 张玉利, 中国企业的 CSR 认知、行动和管理——基于问卷的实证分析 [J]. 经济理论与经济管理, 2010 (9): 63 – 70.

　[159] 尹珏林, 中国企业履责动因机制实证研究 [J]. 管理学报, 2012 (12): 1679 – 1688.

　[160] 曾熙文. 合法性视角下企业社会责任信息披露的影响因素研究 [D]. 长沙: 湖南大学, 2013.

　[161] 朱乃平, 朱丽, 孔玉生, 沈阳. 技术创新投入、社会责任承担对财务绩效的协同影响研究 [J]. 会计研究, 2014 (2): 57 – 63.

　[162] 张兆国, 靳小翠, 李庚秦. 企业社会责任与财务绩效之间交互跨期影响实证研究 [J]. 会计研究, 2013 (8): 32 – 39.

　[163] 张兆国, 赵寿文, 刘晓霞. 公司治理研究的新发展: 公司社会责任 [J]. 武汉大学学报 (哲学社会科学版), 2008 (9): 631 – 635.

　[164] 赵琼. 国外企业社会责任理论述评——企业与社会的关系视角 [J]. 广东社会科学, 2007 (4): 172 – 177.

　[165] 郑海东, 徐梅. 国外企业社会责任研究综述 [J]. 中国管理信息化, 2008 (9): 92 – 94.

　　[166] 郑若娟. 西方企业社会责任理论研究进展——基于概念演进的视角 [J]. 国外社会科学, 2006 (2): 34 - 39.

　　[167] 钟宏武, 孙孝文, 张蕙, 张唐槟. 中国企业社会责任报告编写指南 [M]. 北京: 经济管理出版社, 2009.

　　[168] 周晓惠, 赵馨燕. 我国企业社会责任活动研究综述及启示 [J]. 技术经济与管理研究, 2015 (3): 48 - 51.

　　[169] 周中胜, 何德旭, 李正. 制度环境与企业社会责任履行: 来自中国上市公司的经验证据 [J]. 中国软科学, 2012 (10): 59 - 68.

　　[170] 周祖城. 论企业伦理责任在企业社会责任中的核心地位 [J]. 管理学报, 2014 (11): 1163 - 1170.

后　记

　　"企业社会责任"并不属于会计与公司财务研究中的主流领域，与它的结识缘起2012年被学校派往英国西苏格兰大学访学，由此结识了商学院的郭新老师，了解到他与Duff教授正在开展一个由ICEW资助的研究项目，调研英国会计师事务所的企业社会责任履行情况以及会计师事务所企业社会责任服务线开展现状。交流中，他给我提供了很多关于从会计师事务所视角研究企业社会责任的想法与思路，这些内容对于我既新鲜又陌生，但让我产生了巨大的兴趣，也感受到了这一领域的研究空间与研究潜力。因为这次的机缘，我开始懵懵懂懂地进入这个新领域。凑巧的是，以往因为投稿结识了北京市注册会计师协会的章海凤博士，虽然当时只是通过邮件联系，并未谋面，但是海凤博士无私地为我这个门外汉"启蒙"，让我了解到注册会计师行业发展的诸多方面，同时为我展开调研提供建议。后续调查阶段，黄杰主任也给了我很多宝贵的意见，这些都让我对这个行业有了初步认知。在研究过程中，我有幸通过会议结识了一些国际"四大"与国内的合伙人、高级经理等业内专家，他们都欣然接受了我的访谈。2012年10月，郭新老师与我参加了"中国会计学会环境会计专业委员会2012国际学术年会暨第一届CSEAR中国研讨会"。期间，利用宣讲论文与点评的机会，与该领域多位知名专家学者进行交流，特别是久负盛名的苏格兰圣安德鲁斯大学教授Robert Gray对论文中的问题与下一步的研究方向提供了具有重要参考价值的意见。这些研究与积累启发了我们的构想，2013年我们联合海凤博士一起申请教育部规划基金课题获得成功，前期工作得到了初步肯定。

　　经过几年的努力，企业社会责任已经成为我个人重点关注的研究领域之一。尽管取得了一些研究成果，但越投入进去，越发现这一领域仍然存在很多问题值得我们去探讨。目前，这一领域的主流研究方法仍然是以数据为主的实证研究方法，这个方法依赖于准确描述企业社会责任的指标以及相关数据的可得性。而且仅仅依靠实证研究方法，无法深入理解企业社会责任作用的机制。尤其对于一些特殊行业，在无法获得公开数据的情况下，实地研究与问卷调查无疑是最佳的研究选择。通过走访企业，深入企业实践，能够获得第一手数据资料，只是这个过程需要耗费更多的时间与精力。譬如笔者对会计师事务所的访谈前后经历了两年多时间，不断地找机会寻找合适的受访对象，特别是访谈国际"四大"的相关人员与业务人员，颇费周折，整个过程中有访谈被拒的沮丧，也有疲惫退缩的彷徨。但是，更难忘行业内一些素不相识的好心人伸出了援手，一些合伙人更是极具职业精神，认真细致地准备访谈，特别感谢他们给予我们的巨大帮助。从他们身上，我们不仅学到了很多专业知识，更亲身感受到了注册会计师的职业素养。

本书是过去几年笔者在企业社会责任领域研究的初步结果，希望能够为国内这一领域的研究提供新的视角与新的证据，增加对企业社会责任实践的理解。至于本书的目标是否实现，希望专家、学者与广大读者批评指正；也期待本领域的研究能助力中国注册会计师行业的发展。本书并不意味着研究的终结，我们将继续审视注册会计师行业的企业社会责任问题，也期待更多的学者与我们一道投身到这个领域。

在过去的五年中，得到了许多行业专家、同行、同事以及家人的真心帮助，我们由衷地表示感谢！在此无法一一列出他们，但我们将铭刻在心。

王彤彤　郭　新

2017 年 11 月于北京